Operational Excellence Management System

卓越运营管理体系

李传杰 著

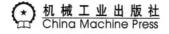
机械工业出版社
China Machine Press

图书在版编目（CIP）数据

卓越运营管理体系 / 李传杰著 . —北京：机械工业出版社，2022.11（2025.4 重印）
ISBN 978-7-111-71889-5

I. ①卓… Ⅱ. ① 李… Ⅲ. ①企业管理 – 运营管理 – 管理体系 – 研究　Ⅳ. ① F273

中国版本图书馆 CIP 数据核字（2022）第 197173 号

卓越运营管理体系

出版发行：机械工业出版社（北京市西城区百万庄大街 22 号　邮政编码：100037）
责任编辑：张　楠　　　　　　　　　　　　责任校对：张爱妮　　张　薇
印　　刷：固安县铭成印刷有限公司　　　　版　　次：2025 年 4 月第 1 版第 5 次印刷
开　　本：170mm×230mm　1/16　　　　　印　　张：15.25
书　　号：ISBN 978-7-111-71889-5　　　　定　　价：69.00 元

客服电话：（010）88361066　68326294

版权所有·侵权必究
封底无防伪标均为盗版

◀ 推荐序

    2013年至2021年，我在丹纳赫中国任职，第一个职位就是建立中国区丹纳赫商业系统（DBS）的商务应用职能。几年下来，我对管理工具的学习、理解和使用，都有了更深的认知，这也为我后续在其他管理岗位的工作做了坚实的铺垫。一路走来，我虽然深知这套管理体系对企业发展和人才培养起到了巨大的指导作用，但从未有机会对它进行系统的反思和升华，直到传杰将自己多年的一线经验跃然纸上。

    饶有兴趣地拜读了传杰的大作之后，我有几点感触。第一，卓越运营是一个极其务实的过程，传杰的作品本身就体现出了这种务实的文化。丹纳赫和福迪威的成功案例就发生在我身边，甚至有些项目是我直接参与的。很高兴看到传杰将这些案例升华，为更多的企业家提供思路。第二，我在工作中接触过很多合作伙伴，他们多数听说过卓越运营管理体系，但苦于不知如何下手。有些人会误以为做几场员工培训就会自然而然形成这个体系，多数照猫画虎的人大概率会以失败收场。本书另一个可贵之处在于传杰将管理体系剖析为工具、流程和文化三部曲。

初学者完全可以从应用几个管理工具做起，逐步完善流程，进而在整个企业层面建立这种"消除浪费、持续改进"的文化。当一个企业的核心竞争力是卓越运营时，相信它无论处于哪个行业，都一定能成为优秀企业。我想提醒各位读者的是：你建立卓越运营管理体系的目标一定是企业文化的对标，否则任何工具和流程的使用都仅仅是短期行为而已。

"罗马不是一天建成的。"一个卓越运营管理体系的建立和完善需要全公司的努力、每个人的参与、持之以恒的实践以及相当可观的资源投入，这个体系会给你巨大的回报。同时，即使书中提到的这些大企业可以说"罗马已经建成"，但在运营过程中如何持续创新，不断挑战和超越自己的昨天，从而避免故步自封的官僚主义和形式主义，是一个不可回避的问题。这是一个动态多变的世界，在卓越运营体系下，我们看到了新兴企业几十年的崛起，也看到百年老店的颓势下行。对于每一个"始终在路上"的企业来说，"常识的道理、严格的实施"（common sense, rigorously applied）会是永远的信条。

感谢传杰无私的分享，这是一本开卷有益的好书，期待与各位企业家共同学习，共同进步！

李 冰

知名资本运营合伙人

丹纳赫中国生命科学平台前总裁

◀ 自序

宏观大趋势要求国内企业对标建立世界一流管理体系，这也是中国企业"走出去"战略所面临的主要挑战之一。复星集团在2021年年报中指出："复星发展至今，在产业运营和投资方面都有许多成功的经验，但此前我们欠缺对成功经验的总结和提炼。"这一典型案例折射出，在微观层面上，无论是资本、学术机构还是企业界，针对卓越运营管理体系，鲜有系统化地总结和提炼。

本书旨在顺应宏观大趋势，针对有代表性的微观个体真实的需求和痛点，以标杆企业的卓越运营管理体系为对象，探索其底层逻辑，提炼其成功背后具备的普适性的管理秘诀。笔者也期待这些管理秘诀能为国内企业对标世界一流管理、建立和落地基于战略执行的卓越运营管理体系并以此构筑企业的核心竞争优势，尽一份绵薄之力。

过去十余年，笔者在与外资企业、国内企业，制造型企业、互联网企业等的管理层和员工交流、讨论以及工作的过程中，深刻感受到有关卓越运营管理的两个痛点与挑战。

第一,"我们不一样"的思维和心态,导致企业无法建设和实施卓越运营管理体系。的确,每家企业所在的行业,所提供的服务、产品和企业的发展阶段都是不一样的。我们无法拿着一套标杆企业的方案直接套用到另外一家企业身上。但是,"不一样"背后的底层逻辑、理念、原则是什么?支撑它们的并且令人信服的最佳实践案例有哪些?如何总结提炼后为己所用,甚至师夷长技以制夷?

第二,"我们不知道我们不知道"的风险。很多企业仍然没有意识到卓越运营管理体系的价值和重要性。改革开放四十多年,中国企业与国际企业的竞争已经从"微笑曲线"的底部逐渐向两端的营销和研发领域延伸。粗放式的经营管理,在竞争日趋激烈的市场环境下,逐渐显得力不从心,取而代之的是卓越运营或精益运营。相比第一个痛点,这种认知的局限所导致的危害往往更大,使企业遭受黑天鹅事件的风险增加。

正是这两个痛点激发并伴随了笔者长达十余年的探索之旅。探索的关键,需要不断挑战自己走出舒适区,聚焦(focus)目标和痛点,针对性地对标学习最佳实践,总结提炼其中的基本逻辑、理念、原则并建立框架(framework),然后,依据框架进行实践并获取反馈(feedback),在反馈的基础之上,最后进行迭代和调整(fix)。

总结以上探索,笔者最终沉淀出了这部作品。本书在写作以及征询建议的过程中,陆续收到了一些有共性的反馈。有鉴于此,做如下三点说明。

第一,本书的目标读者。

(1)有以下痛点与困惑的人员:战略执行、人才培养、收购整合、精益转型、构建可持续竞争优势。

(2)具备以下行业与职业背景的人员:董事长、CEO、首席运营官、精益管理或卓越运营系统专业人员,资本和投资行业中为投后企业提供管理赋能的运营合伙人，学术界中的 EMBA 和 MBA 等期待学习企业管理最佳实践的人员。

（3）对标杆企业的卓越运营管理体系有兴趣的人员，特别是需要依据《关于加快建设世界一流企业的指导意见》文件精神打造一流管理体系的管理人员。

以上是笔者根据多年的经验，从不同的角度，对目标读者进行的划分。如果符合以上一条，可以只翻阅每章的关键要点。如果符合以上两条，建议通读全书。如果符合以上三条，建议在通读全书的基础上，进行一些交流和讨论。管理是一种实践，其本质不在于知而在于行。因此，无论是哪一种类型的读者，笔者都建议选取本书中的理念、原则和方法进行严格的实施。相信，哪怕只有一条，都将会给组织带来有价值的回报。

第二，本书的优劣势分析。

本书的优势如下：

（1）视角格局较高。本书借鉴了许多世界一流企业董事长和 CEO 的观点，相对而言，容易激发企业高管的关注和共鸣。

（2）理论与实践结合。案例、数据、观点权威翔实，并融合了学术机构和专家学者的理论与企业的实践，为了强调真实性、权威性，同时尊重知识产权，所有引用的资料和数据均来自公开的渠道，并注明了来源。

（3）易于学习和实践。系统化、结构化有利于理解和对标学习，基于实践的案例剖析便于企业借鉴和实践。

本书的劣势如下：笔者现有认知的天花板决定了本书还有一些局限性。此外，国内企业的实践案例仍然不够多。

第三，本书的结构与阅读指南。

本书以绪论破冰，引出了卓越运营管理体系的价值。然后将内容结构化为五章。前两章旨在探索"为什么",对卓越运营管理体系的价值达成共识。其中第 1 章,引用宏观的数据和微观的案例,剖析了企业面临的主要挑战和痛点:战略执行、人才培养。以此为出发点,第 2 章,借鉴专家、学者的观点和标杆企业的实践,将卓越运营管理体系定位为可持续的竞争优势,并参考麦肯锡、丰田、丹纳赫、联合技术、通用电气(GE)、福迪威、华为、美的、复星、公牛等咨询机构和企业的研究与实践,论证了卓越运营管理体系如何在战略执行和人才培养两方面创造价值。

以"为什么"为基础,第 3 章回答了什么是卓越运营管理体系。"是什么"的关键在于从不同的层次理解卓越运营管理体系的内涵,即冰山模型。这一模型在剖析丰田和丹纳赫的理念与实践基础之上,提炼了三个不同层次的内涵:工作方法、价值观和文化理念。这也奠定了第 4 章和第 5 章"怎么做"的基础。

第 4 章和第 5 章,构成了如何设计和实施卓越运营管理体系的"怎么做"。其中第 4 章借鉴 AGIL 的理论,提炼了丰田和丹纳赫的实践经验,介绍了如何设计卓越运营管理体系,包含结构、原理、指导原则等。第 5 章,借鉴华为、丰田和丹纳赫的理念与实践,构建了实施卓越运营管理体系的框架 3S,并以 GE 为案例测试了 3S 框架的合理性和成果。

为了便于读者更好地理解并参考案例指导实践,笔者以虚拟企业如意智能科技为例,完整地剖析了"为什么""是什么""怎么做"三个关键环节。如意智能科技虽然为虚拟企业,但书中所述的案例及工作方法却均来自实践。除此之外,根据多年来笔者与企业管理者交流和讨论中所洞察出的痛点,本书适时地引入了卓越运营与数字化、并购整合的关联。为了便于读者快速理解脉络,本书还提炼了关键要点。

在本书出版过程中,笔者有幸得到了众多师长、亲朋好友、机械工业出版社的帮助。首先，感谢工作中的师长给予我在职业发展、卓越运营管理体系的知识和实践方面的帮助，激发了我进一步的思考与探索。他们分别是：曾经担任丹纳赫中国生命科学平台总裁，如今成为知名资本运营合伙人的李冰先生；丹纳赫亚太区 DBS 前副总裁，如今担任多家上市公司卓越运营管理体系顾问的张红安先生；福迪威业务运营体系亚洲区总监刘勇先生；GE 医疗集团首席精益官裴佳宏先生；震坤行工业超市（上海）有限公司董事长兼 CEO 陈龙先生。其次，感谢亲朋好友的支持与建议。他们分别是中平资本合伙人、中平道可总裁魏凯先生，维如管理咨询（上海）有限公司创始人、CEO 郑卫和先生，万向集团资深项目管理专家吴伟国先生，中国石油天然气总公司的李攀峰先生。最后，感谢机械工业出版社众多老师的支持与帮助。

支撑我一路走来的是我的家人！他们是爱、力量和责任的源泉，特别是小女火龙果，她是淘气的，也是不可割舍的，是笔者砥砺前行最重要的力量和支柱。

岁月如风，事事如意，谨此致敬！

李传杰
2022 年 5 月 16 日 于上海

目 录 ◀ CONTENTS

推荐序
自 序
绪 论　战略执行的可持续竞争优势　　　　　　　　1

1000 倍回报　　　　　　　　　　　　　　　　　2
5000 倍回报　　　　　　　　　　　　　　　　　4
50 倍增长　　　　　　　　　　　　　　　　　　5

第 1 章 ▶ 企业面临的主要挑战　　　　　　　　　7
战略执行：70% 的 CEO 失败的关键原因　　　　　8
人才培养：全球 CEO 面临的最大挑战　　　　　　12
实践案例：如意智能科技面临的挑战　　　　　　　14

第 2 章 ▶ 卓越运营是可持续竞争优势　　　　　20
三大竞争优势　　　　　　　　　　　　　　　　　24

卓越运营的价值 1：战略执行　　　　　　　　29
卓越运营的价值 2：人才培养　　　　　　　　38

第 3 章　▶　什么是卓越运营管理体系　　　43

卓越运营管理体系的定义　　　　　　　　　　44
卓越运营管理体系的内涵：冰山模型　　　　　45
冰山模型的案例：丹纳赫 DBS　　　　　　　　47
冰山模型的案例：丰田 TPS　　　　　　　　　51
冰山模型的实践：如意智能科技 JBS　　　　　56
数字化时代卓越运营的适用性　　　　　　　　61

第 4 章　▶　如何设计卓越运营管理体系　69

痛点与挑战　　　　　　　　　　　　　　　　69
体系设计的方法：AGIL　　　　　　　　　　　72
AGIL 的案例：丰田 TPS　　　　　　　　　　　76
AGIL 的案例：丹纳赫 DBS　　　　　　　　　 82
AGIL 的实践：如意智能科技 JBS　　　　　　 96
如何开发具体的工具　　　　　　　　　　　　135

第 5 章　▶　如何实施卓越运营管理体系　149

痛点与挑战　　　　　　　　　　　　　　　　149
落地的方法：3S 框架　　　　　　　　　　　　153
3S 框架的案例：GE　　　　　　　　　　　　 169
3S 框架的实践：如意智能科技　　　　　　　 174
卓越运营在并购整合中的应用　　　　　　　　204

结　语　常识的道理、严格的实施　　　　　　218
参考文献　　　　　　　　　　　　　　　　　220

绪论

战略执行的可持续竞争优势

2022年2月28日,习近平总书记主持召开中央全面深化改革委员会第二十四次会议,审议通过了《关于加快建设世界一流企业的指导意见》,强调加快建设一批产品卓越、品牌卓著、创新领先、治理现代的世界一流企业。[一]在微观层面,标杆企业的卓越运营管理体系一直是资本机构(高瓴资本、方正证券、光大证券等)、学术机构(中欧商学院、哈佛商业评论等)、企业(美的、百丽、公牛、复星集团等)研究与对标学习的对象。

建设世界一流企业,管理是关键一环。针对国

[一] 新华社.习近平主持召开中央全面深化改革委员会第二十四次会议强调 加快建设世界一流企业 加强基础学科人才培养 李克强王沪宁韩正出席[N/OL].人民日报,2022-03-01(01)[2022-02-22]. http://paper.people.com.cn/rmrb/html/2022-03/01/nw.D110000renmrb_20220301_2-01.htm.

内部分企业大而不强、全而不优、粗放式经营等问题，关键举措之一是对标世界一流企业，搭建适合自身特点的管理体系。为此，我们选择了三家标杆企业，探索其成功背后的秘诀。

1000 倍回报

《今日美国》曾在其网站上推荐了 25 年里最值得投资者购买的 25 只股票。其中一家名为丹纳赫的公司以 480 倍的回报名列第二位。那么丹纳赫是一家什么样的公司？480 倍回报的秘诀又在哪里？

丹纳赫 1984 年成立于美国，名字来源于美国蒙大拿州的一条小河，其词根意味着快速流动（swift flowing）。丹纳赫最初从事和房地产相关的业务，在随后的发展历程中，进行了 400 多次收购整合以及战略性分拆与剥离，其提供的产品和服务不断演化。丹纳赫涉足过的产品和服务包括皆可博制动器、世达工具、福禄克仪器仪表、泰克示波器、吉尔巴克加油设备、工业传感器传动部件等。如今，它已经转变为一家全球性的科技公司，致力于帮助客户在全球各地应对复杂的挑战，并改善生活品质，其业务涵盖医疗器械、水处理、产品标识与识别等。丹纳赫由 20 多个运营公司组成，这些运营公司在生命科学、诊断、环境和应用技术等领域处于领先地位。全球 69 000 名员工在 2020 年贡献了 223 亿美元的销售额、36.5 亿美元的净利润，净利润率高达 16.4%。

有些学者、研究人员和分析师认为丹纳赫更像一家私募公司（尽管丹纳赫并不这样认为），有些人则评价它为制造公司的公司（company builds companies），这一点与其前执行副总裁和首席财务官丹·科马斯（Dan Comas）的观点（We're passionate about building the business）基本一致。

丹纳赫前 CEO 劳伦斯·卡尔普（Lawrence Culp）在 2013 年 12 月

的投资人分析师会议上的分享折射出 480 倍回报的秘诀。在这次会议上，他回顾了丹纳赫 1992 年、2002 年、2013 年每相隔约 10 年的业务数据。

从表 0-1 的数据可以得出如下结论：丹纳赫 20 年来销售额增长了18 倍；毛利率从 26% 翻了一倍，提升到 52%；人均销售额从 13.7 万美元 / 人提升到 28.8 万美元 / 人，增长了 110%。从一家手动工具的传动制造企业转变成为高科技公司，其中的关键正如卡尔普所说："通过 DBS 将公司不断改变成为一家全球性的科技公司（Evolving into a global science and technology company with DBS）。"DBS 即丹纳赫商业系统（Danaher Business System），可理解为丹纳赫版的卓越运营管理体系。

表 0-1 丹纳赫业务数据

指标	年份		
	1992年	2002年	2013年
销售额	10亿美元	46亿美元	190亿美元
毛利率	26%	39%	52%
员工人数	7300	29 000	66 000
产品范围以及所占销售比重	工具48%，其他52%	工具32%，传动21%，环保类15%，测试仪器15%，其他17%	生命科学与诊断36%，环保类17%，测试仪器18%，牙科11%，其他18%

资料来源：根据 2013 年投资人分析师会议资料整理。

事实上，480 倍的回报并没有结束，传奇还在继续。如图 0-1 所示，1990～2021 年期间，丹纳赫基于战略驱动，在进行剥离拆分的同时，也不断提升了收购整合的规模，不断通过 DBS 打造第二增长曲线。

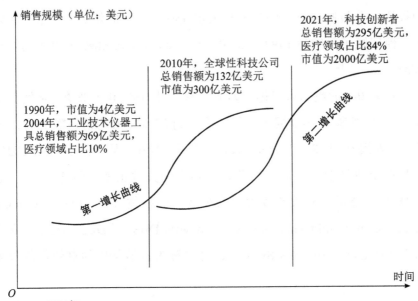

图 0-1 第二增长曲线

资料来源：参考丹纳赫年报、高管访谈等公开资料整理。

丹纳赫前 CEO 托马斯·乔伊斯（Thomas Joyce）在公司 2019 年的年报中提到，公司成立 35 年带给股东的总回报（TSR）是 1000 倍，远超过同期标普 500 指数公司的 40 倍。乔伊斯同时指出："随着我们产品组合的持续演变，DBS 持续驱动着我们追求更好的、更强大的丹纳赫。"

以光大证券研究丹纳赫之后的结论做一个总结：DBS 采取的并购战略是驱动公司长期向好发展的核心，也是获得投资者青睐的护城河。

5000 倍回报

全球最大的私企之一科氏工业（Koch Industries，Inc.），全球拥有超过12万名员工,提供的产品和服务包含化肥、建筑材料、燃料、医疗器械、莱卡纤维等,科氏工业在将近60年里市值增长了接近5000倍,增长率达到标普500指数的27倍。

科氏工业董事长兼CEO查尔斯·科赫(Charles Koch)在《做大利润》一书中指出,"正是在MBM管理框架的指导下,科氏工业取得了巨大发展;实际上,也正是这种管理思维,将科氏工业从1961年市值只有2100万美元的小企业,转变为2014年拥有1000亿美元市值的商业航母"。

科赫提到的MBM(以市场为基础的管理模式,Market-Based Management),是科氏工业的基本管理模式。它的管理框架包含5个维度:愿景、品德与才能、知识流程、决策权和激励。

50倍增长

华为作为国际知名的企业,其销售额从2002年的175亿元人民币增长到2020年的8913亿元人民币,18年里面增长了近50倍。其中的秘诀之一就是华为不断向业界领先的企业和世界顶级咨询公司学习管理理念和方法,建立了华为的大质量管理体系。

2018年华为的年报单独拿出一个章节将公司管理体系建设纳入管理层的讨论与分析。这展现出了管理体系对于华为的重要性。IBM和微软之所以成功,体现的不仅是技术更是管理。某些公司不比华为差,为什么没有发展起来,就是没有融入管理,什么东西都是可以买来的,唯有管理是买不来的。

以上三个涵盖了外企和国内民营企业的实践案例告诉了我们一个道理:卓越运营管理体系是能帮助企业构筑护城河的一种核心竞争力。

如今,中国企业面临崛起的历史机遇。按照国际货币基金组织的数据，2019年中国国内生产总值（购买力平价）27.31万亿国际元，比美国高5.87万亿国际元。显而易见，21世纪将赋予中国企业和中国企业家独特的历史机遇。全球知名咨询公司麦肯锡的研究表明，到2030年，中国将有五大机遇提升生产力，其中两大机遇分别是：推进运营转型，如采用精益生产和提高能源效率等方式，可提升15%～30%的生产力；利用"走出去"提高竞争力，可提升10%～15%的生产力。麦肯锡的研究同时指出，要想抓住这两大历史机遇，均需要中国企业打造精益生产等卓越运营管理体系。令人欣慰的是，国内的许多企业，包括美的、公牛、百丽等投入了相当多的时间和资源学习标杆企业的管理理念和方法，并搭建了适合自身企业的卓越运营管理体系。

然而，因为企业文化、行业、产品和服务、发展阶段的不同，国内企业在向这些知名企业和咨询公司学习的过程中，往往会陷入"我们不一样"的窘境。正如查尔斯·科赫所言："在科氏工业开发和实施这些原则的50多年里，我们深刻体会到，简单照搬或是以自己的方式运用这种管理工具，还远远不够。关键要真正领悟它背后的基本原理，只有这样，才能根据实际情况解决实际问题。"丹纳赫的DBS、科氏工业的MBM、华为的大质量管理体系尽管名称不同、内容不同，但它们都是基于一些基本原理并结合企业实际情况而建立的卓越运营管理体系，是这些企业成功背后的秘诀。

有鉴于此，本书旨在剖析丹纳赫、科氏工业、华为、丰田、通用电气、联合技术、亚马逊等标杆企业在卓越运营管理方面的最佳实践，借鉴专家学者的研究，结合个人的实践经验探索卓越运营管理体系的基本原理，以及具备普适性的理念、原则和方法。

让我们一起开启探索之旅！

第 1 章 ◄ CHAPTER 1

企业面临的主要挑战

战略执行不力是 70% 的 CEO 下台的关键原因。
——拉姆·查兰

吸引和保留人才是全球 CEO 面临的头号挑战。
——世界大型企业联合会

根据专家的观点和咨询机构的研究，企业面临的主要挑战在以下两方面：战略执行和人才培养。而 VUCA（易变性 Volatility，不确定性 Uncertainty，复杂性 Complexity，模糊性 Ambiguity）时代的易变、不确定、复杂和模糊等特性，凸显了企业在战略执行和人才培养方面受到的挑战。

战略执行：70% 的 CEO 失败的关键原因

三分战略，七分执行。战略执行在全球范围内引起广泛关注，源自知名管理咨询大师拉姆·查兰（Ram Charan）1999 年 6 月在《财富》杂志发表的著名文章《CEO 为什么失败？》。在之后的研究中，拉姆·查兰指出，仅 2000 年一年，《财富》500 强的前 200 名企业中就有 40 家的 CEO 被解雇或被迫辞职。当美国最强的企业中有 20% 出现这种情况时，一定是出了什么问题。拉姆·查兰分析研究了数十位被大公司解职的 CEO 后发现：战略的缺陷并不是决定性的，没有忠实地执行战略才是 CEO 下台的关键因素！通过这些数据，拉姆·查兰预估在大多数案例里面，战略执行不力是 70% 的 CEO 下台的关键原因。如，朗讯公司董事会于 2000 年 10 月解雇 CEO 理查德·麦克吉恩的时候，他的继任者亨利·斯查特解释："我们的问题在于学会如何执行。"而与之相对的，在 2000 年 IBM 公司的年度报告中，郭士纳这样评价他的继任者萨缪尔·帕尔米萨诺："他的特长就在于能够保证所有计划都得到切实的执行"。

2001 年上半年，全美企业经理人员协会将"执行"评为经理人员必须掌握的技能之一。无独有偶，麻省理工的学者唐纳德·萨尔（Donald Sull）和伦敦商学院的丽贝卡·霍姆克斯（Rebecca Homkes）以及查尔斯·泰晤士咨询公司（Charles Thames Strategy Partners）合伙人查尔斯·萨尔（Charles Sull）于 2015 年 3 月的《哈佛商业评论》发表了一篇有关战略执行的文章，文章中表达了和拉姆·查兰的研究类似的结论。其研究表明：位于亚洲、欧洲和美国的 400 多家全球公司中有 66% 到 75% 挣扎于执行它们的战略。美国通用电气（GE）CEO 的变更则是对以上两个研究观点的有力佐证。

2018年10月1日，GE公司任命丹纳赫前CEO劳伦斯·卡尔普为公司新的董事长，并兼任CEO。这是GE历史上首次由空降兵担任CEO。董事会代表托马斯·霍顿（Thomas Horton）这样评价这位丹纳赫前CEO：他是一位拥有深刻的工业和技术知识背景的强有力的领导人，聚焦于执行、组织和人才发展。董事会期待和他以及他的团队一起使GE重回增长与长期成功的正轨。劳伦斯在任命公告中提出："在接下来的几周，我们将非常努力地推动一流的执行落地。（We will be working very hard in the coming weeks to drive superior execution.）"劳伦斯的表述里面隐含地表达了GE面临的重大挑战是战略执行的问题。

战略执行不仅是国外企业的挑战，同样是国内企业所面临的重要风险之一。京东在2020年的年报中提到的第一条业务风险即是"如果我们不能管理我们的增长或有效地执行战略，我们的业务和前景可能受到实质性的不利影响"。相较于京东对于战略执行的前瞻性认知，国内大部分企业的风险和挑战在于没有意识到战略执行本身是风险和挑战，它们更多还在关注战略规划层面。

为何战略执行如此重要呢？战略执行是目标与结果之间的桥梁。企业的业务目标往往围绕两个方面：业务增长、降本增效。

业务增长

企业的经营目的之一是追求长期有效增长！以下标杆企业的理念和实践很好地佐证了这一点。

华为的目标是很清晰的，就是必须要发展，不发展就死亡。企业通过保持增长速度，给员工提供发展的机会，从而永葆活力。在华为看来，长期有效增长的内涵中有一条是"经营结果健康"，即追求有利润的收入，有现金流的利润。同样，京东的战略是聚焦于可持续高质量的增长。

一般而言,业务增长来源于两种途径:有机增长(organic growth)、并购整合(M&A)。增长的背后是有机增长和并购整合的双轮驱动模式。以丹纳赫2018年到2020年的业务增长为例,根据年报数据,其2019年的销售收入为179亿美元,相较于2018年的170亿美元增长了约5%,2020年的销售收入为223亿美元,相较于2019年的179亿美元增长了约25%。有机增长和并购整合对于业务增长的贡献如表1-1所示。

表 1-1　丹纳赫有机增长并购整合数据

时间	2020 vs 2019	2019 vs 2018
销售收入增长(GAAP)	25%	5%
影响因素:		
并购整合	(18%)	(1%)
汇率转换	—	2%
有机增长(non-GAAP)	7%	6%

资料来源:根据丹纳赫年报资料整理。

1. 有机增长

丹纳赫2020年的销售收入增长中约7%来自有机增长,即年复一年的核心销售收入的增长,同比2019年的数据是6%,大致持平。

大部分中国企业业务增长的主要方式也是有机增长,即通过开发更多的产品,开拓更多的客户或深挖客户口袋份额来获取更多的销售收入。但遗憾的是,大部分的企业都难逃这样的增长魔咒:1亿元左右的销售收入,200名左右的员工,处于微笑曲线的底部,增长乏力,不知如何转型。这是大部分中国企业在战略执行层面面临的痛点和挑战之一。

2. 并购整合

如表1-1所示,丹纳赫在2020年实现25%销售收入增长的最大一个原因是并购整合所贡献的18%的增长。

宏观层面的数据表明，中国将可能在未来五年内增加超过1万亿美元的海外投资。同时，海外并购的实质正在改变，在过去十年中，中国企业的并购策略从收购能源、金属等资源企业转向在科技和服务等行业中扩大影响。诚然，小部分具备一定规模和实力的中国企业正通过并购整合期待实现企业的高速发展。然而，理想很美好，现实很骨感。我国收购方在并购整合后3～5年内带给股东的总体收入要少于欧洲和美国的收购方，我国收购方带给股东总回报为正的比例是38%，欧洲是75%，美国是54%，对比可以看出，我国企业收购的收益比较低。

美的并购东芝家电业务和德国库卡后所披露的信息，折射出了国内企业在并购整合方面所面临的挑战。根据美的年报的信息：美的2017年的重点工作之一是做好东芝等并购项目的业务整合及高效运营、发挥协同价值、改善经营业绩。2018年的经营重点之一是有效推进并购项目的业务整合和优势互补、实现东芝家电业务扭亏。2019年的经营重点之一仍然是继续保障东芝业务盈利能力的提升、推进库卡中国合资公司本土化运营。美的连续三年对同一并购业务的关注折射出，并购整合始终是中国企业的优先关注事项，同时也是面临的巨大挑战之一。

降本增效

如彼得·德鲁克所言，"管理就是两件事，降低成本，提高效率"。但是，企业降本增效的效果往往并不尽如人意。根据《财富》全球500强企业的数据，2016年至2020年这5年间，拥有规模效应的500强企业整体平均净利润率只有5.2%～6.3%。在这5年入选《财富》全球500强榜单的企业中，净利润率低于5%的企业有264家到371家企业，占总数量的53%～74%。与卓越运营的标杆企业相比，大部分企业还有很大的降本增效空间。正如华夏基石管理咨询集团领衔专家施炜所言："专、精、特、新，是大部分优秀企业的成长方向。"这里面的精，指的是精细化运营，也就是麦肯锡报告里面提到的精益运营。一些标杆企业，无论是丰田还是丹纳赫，均通过实施精益等卓越运营管理体系的方式实现了降本增效，并推动了战略的落地执行。

业务增长和降本增效是企业战略执行的主旋律和目标，企业面临的主要痛点和挑战是如何高效执行战略，即搭建目标与结果之间的桥梁。

人才培养：全球 CEO 面临的最大挑战

宏观层面而言，世界顶级经济研究机构和企业会员制组织世界大型企业联合会（The Conference Board，另译为美国经济评议会）针对全球 917 位 CEO 进行了调研，如图 1-1 所示，吸引和保留人才（attract and retain talent）几乎是全球所有企业的 CEO 的最高优先关注事项（top priority）。

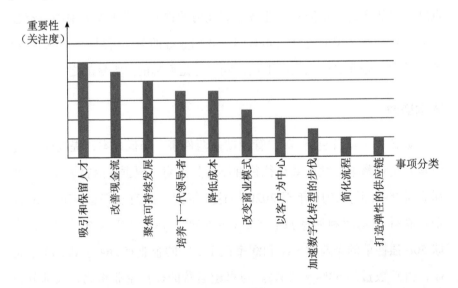

图 1-1　CEO 最高优先关注事项排名

资料来源：根据世界大型企业联合会资料整理。

宏观数据表明，员工流失率高和技术短缺是中国许多制造业和服务业企业面临的两大挑战。

众多国内外企业的案例也反映出，人才与人才培养是企业的重中之重。亚马逊的贝佐斯提出"你的人就是你的企业（Your people is your company）"，并在其致股东的信中提出："我们将持续聚焦于招募并保留拥有多种能力、才华出众的员工，我们知道我们的成功极大地受制于我们吸引和保留受到激励的员工的能力。"微软在2021年的年报中提到"我们的成功高度依赖我们吸引和保留合格员工的能力。"而丹纳赫自2016年至今，连续5年在其年报中强调，丹纳赫致力于创造股东价值，主要通过三个战略优先级，其中之一即是持续地吸引和保留卓越的人才（consistently attracting and retaining exceptional talent）。我国企业京东在其2020年的年报中提出："我们的团队是我们公司的基础。我们已经建立了强大且专注的团队并做出显著的努力以招募、培训和保留最佳的人才。"

人才培养如此重要，原因在于成功的收益和失败的代价往往都是巨大的。

彼得·德鲁克指出，20世纪，制造行业的体力劳动者的生产率增长了50倍，这是管理做出的最重要的贡献。21世纪，管理需要做出的最重要的贡献是提高知识工作者的生产率。六个主要因素决定了知识工作者的生产率。其中之一是知识工作者需要不断接受教育，他们同样也需要不断指导别人学习。

吉姆·柯林斯领导的团队历时5年的研究揭示了培养和指导知识工作者所创造的价值。他们深入研究了《财富》500强30年间上榜的1435家企业，从中遴选出28家企业进行对比研究，研究表明，其中11家企业跨越了从优秀到卓越的鸿沟。这项研究的关键结论之一是这11家企业中有10家的CEO是从内部提拔的。这一定程度上反映出，培养人才是企业从优秀到卓越的最重要的一环。

德鲁克和柯林斯的研究揭示了人才培养能为企业带来收益，但是，企业忽视人才培养的代价却是惨重的，即使是以卓越运营管理知名的丰田也不例外。

2009年年底到2010年年初，丰田不断出现召回事件，质量问题接连发生，事件的主因在于生产规模急剧扩大，而人才培养滞后。丰田曾在听证会上表示，自2002年产量超过600万辆开始，丰田公司的生产、销售数量以每年50万辆的规模在扩大，产量和销量的急剧上升，使培育人才的时间显得不足。

综上所述，人才培养是大多数企业面临的主要挑战，也应该成为企业的战略优先事项！

标杆企业在面对以上挑战时的最佳实践是搭建适合自身特点的管理体系。这些管理体系能帮助企业在战略执行、人才培养方面取得令人瞩目的成果，最终构建出可持续的竞争优势。

实践案例：如意智能科技面临的挑战

如意智能科技成立于1987年，现有员工826名，年销售额为4.4亿元。公司的发展可以分为三个阶段。

第一阶段，原始积累阶段。如意智能科技是典型的家族式企业，通过经营酒店积累了一部分原始资金。第二阶段，快速发展阶段。随着我国加入WTO，公司开始切换赛道，转型进入制造业，为有外资背景的企业配套生产马达，积累了一些客户和制造领域的经验。但是由于同质化市场竞争、中国劳动力成本上升、人民币升值等因素，企业业务增长乏力，利润率下降。第三阶段，多元化阶段。为了建立新的竞争优势，谋求规模效应，公司启动多元化战略。跟随"中国制造2025"的宏观趋势，公司于2017年成立了投资公司，于2018年收购了研发、生产、销售通用伺服驱动器的初创企业。

公司制定了相应的愿景、使命和价值观,确定了多元化的发展战略。

愿景:成为伺服驱动领域的高端品牌。

使命:以数智化的解决方案驱动工业文明。

核心价值观:客户第一、团队合作、勤奋正直。为了支撑愿景、使命和价值观,并有效落实战略,如意智能科技制定了如图1-2所示的组织结构。

公司在外部顾问的帮助下建立了基于ISO9001标准的质量管理体系,但是质量管理未被严格落实执行,大部分员工认为质量管理体系就是一张认证证书。在客户的建议下,公司在生产部门设立了精益办公室,配备了3名员工,导入了5S、目视化管理等精益工具。表1-2所示的部分经营数据,显示出公司在战略执行和人才培养方面面临着巨大的挑战。

表1-2 如意智能科技关键绩效数据

维度	指标	实际	目标	行业标杆
财务	业务增长率	5%	>10%	25%
	毛利率	28%	>35%	42%
	经营利润率	-8%	>18%	26%
客户	客户端质量缺陷率	3%	<1%	1%
	准时交付率	87%	>95%	95%
员工	员工培训满意度	60%	未制定目标	90%
	员工流动率	52%	未制定目标	30%
	管理空缺岗位内部招募比率(岗位内招比率)	35%	未制定目标	61%

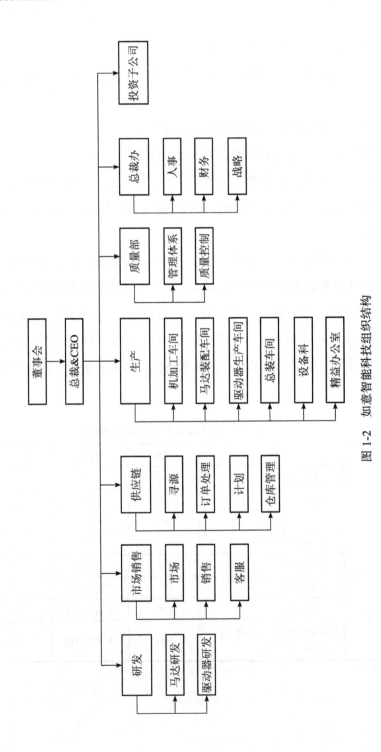

图 1-2　如意智能科技组织结构

战略执行

公司将财务和客户相关的目标制定为公司级的目标,每月进行统计,并在月会上讨论。执行过程中存在三个问题。首先,目标制定之后,并无行动计划支撑其落地。其次,公司级目标逐步分解到各个职能部门、各个层级后,各部门、层级不知道如何执行,并且缺乏相互之间的协调。最后,每月会议,侧重于讨论数据的准确性,对未达成的目标缺少深度的原因分析和进一步的解决方案制定。战略执行不力进一步体现在以下两方面。

1. 业务增长

企业业务增长率只有5%,未达成大于10%的目标,并且远低于行业标杆的25%,增长乏力,有机增长和并购整合都面临着挑战。

有机增长面临挑战的原因主要表现在以下三方面。

其一,研发产品未能精准针对市场需求,丢失了一些订单。

其二,营销活动单一。主要以传统展会营销、熟悉的采购推荐为主,没有可复制的、标准化的销售流程。经粗略估计,订单的转化率相对较低。

其三,客户体验不好导致订单丢失。因为准时交付率只有87%,并且客户端质量缺陷率高达3%,这极大地影响了客户体验,令企业丢失了部分订单,影响企业的销售收入增长。同时,交付不及时需要空运,产品质量问题造成补货返工等(补救措施),对公司的利润也造成了负面的影响。

并购整合。企业收购的驱动器业务虽然带来了业务增长,但是也出现了整合困难的问题。因为缺乏有效的整合流程和管理方法,加上文化的融合的问题,收购业务已经出现滑坡的趋势。

2. 降本增效

整体而言，利润率的恶化，主要体现在以下两个方面。

其一，毛利率为28%，未达到大于35%的目标，远低于行业标杆的42%，这种状况的形成主要有两个原因。首先，因为不具备竞争对手那样的规模，缺乏规模效应，导致原材料采购没有成本竞争力。其次，生产制造环节效率不高。员工产出率偏低、设备故障频发、生产准备与换型时间较长、生产过程中次品率比较高。

其二，经营利润率为-8%，未达到大于18%的目标，远低于行业标杆的26%，公司处于亏损状态，这种状况的形成大致有以下三方面原因：首先，销售效率不高，人均产出偏低，企业缺乏有效的销售管理流程，真正花在客户身上的时间偏少。其次，管理层级偏多，后台的管理流程卡控比较多，各层级和环节的审批耗时费力，流程经常出现退回重新审批的情况。审批人人都做，出了问题却没人负责。最后，研发流程效率比较低，产品面市时间远长于竞争对手，且研发过程中的缺陷导致后期产品经常出现质量问题，引发客户投诉。

人才培养

总体而言，公司的人才培养不足以支撑战略落地。如前文所述，研发流程、营销和销售流程、制造流程以及后端的管理流程在实施过程中充分暴露出了员工欠缺支撑战略目标落地的知识和技能。员工培训满意度只有60%，难以达成预期的培训目的和目标。员工看不到自身的成长和发展，导致员工流动率高达52%，远远高于30%的行业标杆水平。管理岗位员工流失后，内部招募比率仅有35%，一定程度上也表明了公司内部造血能力的不足。

战略执行与人才培养已经成为公司经营管理的头号挑战、同时，整合伺服驱动业务的不顺利严重影响了公司的现金流。公司面临着员工不满意、客户不满意、股东不满意的窘境。2019 年，公司管理层经过讨论，决定聘请外部咨询公司帮助公司走出困境，打造适合自身的卓越运营管理体系。

> **关键要点**
>
> （1）战略执行与人才培养已经成为企业经营管理的头号挑战。
> （2）三分战略，七分执行。70% 的 CEO 因执行不力而下台。
> （3）执行是目标与结果之间的桥梁。

第 2 章 ◂ CHAPTER 2

卓越运营是可持续竞争优势

DBS 是我们的可持续竞争优势。（DBS is our sustainable competitive advantage.）

通过 DBS 驱动世界级的执行。（World-class execution powered by DBS.）

——丹纳赫

当一个公司拥有对战略至关重要且优于对手的竞争性资产时，它就能获得竞争优势。越来越多的研究表明，卓越运营管理可以帮助企业在 VUCA 时代构筑竞争优势。

第一，卓越运营管理体系本身能创造系统性的竞争优势。1973年，石油危机爆发以后，社会上开始对丰田生产方式密切关注。由于经济萧条，各家公司都一筹莫展，丰田公司盈利虽然也有所减少，却比其他公司要好很多。因此，有人评价丰田是经得起冲击的。丰田经得起冲击的法宝何在呢？答案或许在丰田公司总裁丰田章男的观点之中："我们的目标是在生产场所实现基于丰田生产系统 TPS 的竞争力。我认为我们在现实世界里培育出的竞争力主要由三方面构成，其中之一就是基于 TPS 的生产能力，这是丰田集团所有竞争力的基础。"《改变世界的机器》的作者詹姆斯·沃麦克的表述也进一步佐证了这一观点：没有精益（精益也是一种卓越运营管理体系），戴尔不可能超越 IBM，没有精益，丰田不可能取代通用。由此可见，丰田的卓越运营管理体系 TPS 本身就能创造系统性的竞争优势。

第二，卓越运营所带来的敏捷和快速响应直击 VUCA 时代易变、不确定、复杂、模糊的要害。

首先，规则和制度的确定性能够应对外部环境的不确定性。任正非曾经提出，华为公司最宝贵的是无生命的管理体系，以规则和制度的确定性来应对不确定性。华为的财富有两笔，一是华为的管理架构和流程与 IT 支撑的管理体系，二是对人的管理和激励机制。这种无生命的管理体系，是巨大的财富。

其次，卓越运营所创造的快速响应机制是应对易变性、不确定性、复杂性、模糊性的有效方法。这一结论是企业家洞察、专家学者研究、企业实践在不同历史阶段交叉迭代的共同认知。

丰田生产系统的奠基人大野耐一认为："我们所做的，其实就是注意从接到顾客订单到向顾客收账的这段时间，通过消除不能创造价值的浪费，以缩短作业时间。"大野耐一缩短时间的结论正是应对易变性、不确定性、复杂性、模糊性的有效方法。这一结论有其历史背景。推行丰田生产方式时，丰田公司面临着比竞争对手更艰难的经营环境。福特和通用采取批量生产与规模经济的方式，使用大型设备以尽可能生产更多、更便宜的零部件；当时日本市场规模很小，丰田必须要使用相同的组装线生产各种车辆，以满足不同顾客的需要。因此，丰田需要灵活弹性的作业流程，而这驱使丰田有了一个重要的发现：当把前置期（lead time）缩短，注重维持生产线的弹性时，能对顾客需求做出更好地回应，从而提升质量。若从每部机器制造的每个产品的单位成本来看，福特公司采取的批量生产方法极具成效。但顾客需要的是更多选择，如同一个流传甚广的关于亨利·福特的段子：顾客可以选择他想要的任何一种颜色的汽车，只要它是黑色的。福特汽车的制造方法并不能以符合成本效益的方式满足多样的客户需求。因此，丰田努力的方向是消除从原材料到最终成品的每个步骤中时间与物料的浪费，其生产流程的设计，针对的是VUCA时代绝大多数公司共同追求的境界：更快捷、更具弹性的作业流程，以最高质量及可承受的成本，在顾客需要之时提供他们需要的产品。

除了企业的洞察之外，波士顿咨询公司的两位专家小乔治·斯托克（George Stalk, Jr.）和托马斯 M. 霍特（Thomas M. Hout）提出的基于时间竞争的理念，也证明快速响应是应对易变性、不确定性、复杂性、模糊性的有效方法。他们在基于时间竞争的理念下提炼了 3×2 规则，即运用基于时间的竞争策略的公司，其业务增长率和利润率将分别是行业平均值的 3 倍和 2 倍。表 2-1 所示的 4 家公司，响应客户需求的时间只有竞争对手的 66%~80%，却获得了超 3 倍于竞争对手的业务增长和超 2 倍的盈利能力回报。因为能比竞争对手更快地响应需求，沃尔玛以 3 倍于零售行业平均水平的速度增长，产生了 2 倍于行业平均的使用资本回报率。阿特拉斯门业以 3 倍于行业平均水平的速度增长，获得了高于平均水平 5 倍的销售回报。拉尔夫·威尔逊以 3 倍于行业平均水平的速度增长，为公司带来了 4 倍于其竞争对手的净资产回报率。汤美思以 4 倍于行业平均水平的速度增长，取得了 2 倍于平均水平的资产回报率。

表 2-1 基于时间竞争的 3×2 规则

公司	经营优势领域	反应差异	业务增长	盈利能力
沃尔玛	折扣商店	80%	36 vs 12%	19 vs 9% ROCE①
阿特拉斯门业	工业用门	66%	15 vs 5%	10 vs 2% ROS②
拉尔夫·威尔逊	高级复合材料	75%	9 vs 3%	40 vs 10% RONA③
汤美思	家具	70%	12 vs 3%	21 vs 11% ROA④

① ROCE 使用资本回报率。
② ROS 销售回报。
③ RONA 净资产回报率。
④ ROA 资产回报率。
资料来源：参考《与时间赛跑：速度经济开启新商业时代》一书整理。

小乔治·斯托克和托马斯 M. 霍特进一步提出了基于时间竞争的黄金规则，即永远不要让非增值步骤延误增值步骤的时间，并将其量化为 1/4-2-20 规则，即总的完成时间每减少 1/4，生产率是之前的 2 倍，成本降低 20%。

国内标杆企业美的的实践基本验证了 1/4-2-20 规则。美的推出快速响应市场的柔性供应链模式"T+3"，降低了成本，抢占了市场，并提高了利润。2014 年以后，家电补贴停止，房地产大发展告一段落，美的内部开始反思以往的产销模式，继而在供应链上发起了"T+3"改革。所谓"T+3"，指的是把供应链分成了集单（T）、备货（T+1）、生产（T+2）和物流（T+3）四个环节，并将每个周期由 7 天缩短到 3 天以下。这种柔性生产模式有什么优势呢？其中最为明显的，就是可以快速响应原材料价格的变化。2018 年上半年，铜、铝价格上涨，美的比格力少生产了 248 万部空调。而当 2018 年下半年，铜、铝价格下滑，美的开足马力，比格力多生产了 457 万部空调。这意味着一年时间里，美的比格力多生产了几百万部成本低得多的空调，具备了降价的基础。

2019 年年初，弹药充足的美的掀起价格战。根据中泰证券的测算，原材料下行给美的带来了 5%～8% 的成本下降，而渠道效率提升又为美的带来了 5% 加价率的压缩。显而易见，美的的"T+3"模式淋漓尽致地体现了基于时间的竞争优势和 1/4-2-20 规则。

总结丰田、波士顿咨询和美的的理论与实践，可以看出卓越运营所创造的敏捷和快速响应是应对易变性、不确定性、复杂性、模糊性的有效方法。那卓越运营是否能够构建出可持续的竞争优势呢？

三大竞争优势

咨询师迈克尔·特里西（Michael Treacy）和弗雷德·魏斯玛（Fred Wiersema）在 3 年多的时间里针对 40 家市场表现优异的公司进行了研究，提出了如图 2-1 所示的价值信条模型（Value Disciplines）。

价值信条的本质是竞争优势。在特里西和魏斯玛的研究里，家得宝、史泰博和卡夫是以亲近客户获取竞争优势的典型。它们定制并打磨的产品和服务契合客户日益精细的需求，它们以战略的视角投入资源以建立客户的长期忠诚。耐克凭借产品领先获取竞争优势，以没有知名度的初创公司的背景，在运动鞋市场超越了阿迪达斯。戴尔电脑通过卓越运营取得竞争优势，以直销模式缩减渠道层级，以接订单生产而不是备库存售卖的方式，创造了成本优势，不到 10 年的时间，达到了 17 亿美元的销售额，并迫使竞争对手康柏削减成本和费用。丰田汽车因融合了卓越运营和产品领先两项竞争优势，在那个时代的全球汽车市场取得了远超竞争对手的业绩。

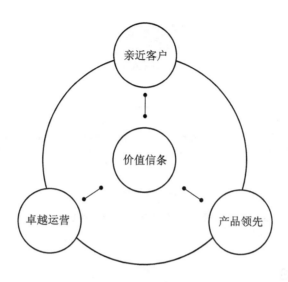

图 2-1 价值信条模型

以上的案例表明，亲近客户、产品领先、卓越运营⊖是三大竞争优势的来源。

在 VUCA 时代，仅仅获取竞争优势还不够。如果这种竞争优势能够一直持续，即使竞争对手尽最大努力也无法超越，那么，我们就认为公司拥有了可持续竞争优势（sustainable competitive advantage）。可持续竞争优势符合图 2-2 所示的 VRIN 原则。前两项有价值的（Valuable）和稀缺的（Rare）决定了资源或能力能否带来竞争优势；后两项难以模仿的（Inimitable）和不可替代的（Nonsubstitutable）决定了竞争优势能否持续。

以下四个标杆企业案例展示了卓越运营管理体系能创造价值，并能成为企业的可持续竞争优势。

⊖ 本书的卓越运营内涵相比价值信条模型里面的卓越运营的内涵更广。

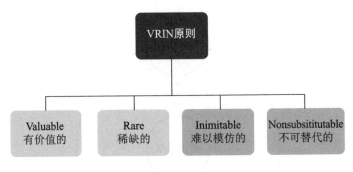

图 2-2　VRIN 法则

资料来源：根据《战略管理 概念与案例》资料整理。

丹纳赫 DBS

丹纳赫的卓越运营管理体系 DBS 是可持续竞争优势。它将亲近客户（customers talk, we listen）、产品领先（innovation defines our future）、卓越运营（kaizen is our way of life）植入公司的文化和核心价值观。丹纳赫被公认的、让人印象深刻的竞争优势是卓越运营，它很符合 VRIN 的特征。

VRIN 的第一个特征是有价值的。丹纳赫运用卓越运营管理体系 DBS 不断改善其八大战略目标的核心价值驱动，正如前文所述，在 35 年创造了 1000 倍的股东回报，其价值不言而喻。第二个特征是稀缺的。丹纳赫的 DBS 被誉为仅次于丰田的卓越运营管理体系。尽管很多企业尝试打造适合自己企业的卓越运营管理体系，但遗憾的是真正成功的极少。第三个特征是难以模仿的。国内外许多企业尝试复制丹纳赫的卓越运营管理体系 DBS，但是非常难。丹纳赫认为其真正的价值在于运用 DBS 所累积的经验能让领导者理解 DBS 系统软性要素和硬性要素之间的相互关联。这个经验，时间难买。第四个特征是不可替代的。管理是永远的蓝海。DBS 作为卓越运营管理体系的一种，具备不可替代性。尽管现在市面上有精益六西格玛的说法,但是它无法替代DBS。在丹纳赫的历史上也曾经尝试过六西格玛,甚至出现过六西格玛路线和DBS路线的争论,最终还是DBS胜出。

丹纳赫通过35年左右的时间不断地更新和完善其竞争性资产DBS,最终将其打造成为可持续竞争优势,并且通过不同的途径向股东、投资人、华尔街的分析师、客户和员工进行宣传和沟通,形成良性循环。在2021年投资人分析师会议上,丹纳赫更进一步将DBS定位为终极竞争优势,并且认为这一优势帮助丹纳赫收获了如图2-3所示的三方面的成果。

图2-3 丹纳赫DBS成果

资料来源:根据2021年丹纳赫投资人分析师会议资料整理。

DBS的精益工具帮助企业实现了降本增效,实现了100个基点的经营利润率的扩张。DBS成长工具帮助企业在2019年、2020年以及2021年分别实现了6%、6.5%以及25%的业务有机增长。这两者构成了战略执行的成果。同时,DBS领导力工具帮助企业培养了人才,2018~2020年企业平均员工流失率低于5%,高管职位由内部人员填充的比例为75%,DBS大学每年培养超过1000名员工,全球颁发了1300份DBS认证证书。

亚马逊管理体系

创始人贝佐斯在其 1997 年致股东的信中明确提出，要永远聚焦于客户。2020 年的年报指明了公司的 4 项原则：痴迷于客户而不是竞争、对于创新的激情、致力于卓越运营、长期思维。这些理念与原则也契合了价值信条模型的三大竞争优势：亲近客户、产品领先、卓越运营。

全球知名管理大师拉姆·查兰（Ram Charan）在《贝佐斯的数字帝国：亚马逊如何实现指数级增长》中，指出亚马逊建立了契合愿景和战略的卓越运营管理体系，取得了卓越的绩效。截至 2018 年，亚马逊已成为全美最大的线上零售平台，占据 45% 的市场份额，远远超过了其他。其第三方销售业务增长迅猛，在 1999 年，其交易量仅为 1 亿美元，2018 年交易量已激增至 1600 亿美元，近 20 年的年复合增长率高达 52%。此外，在不断践行以上理念与原则的过程中，亚马逊开创了 Kindle、亚马逊履约（FBA）、亚马逊云等产品和服务，逐步建立了可持续的竞争优势并构建了"护城河"，实现了 2020 年 3861 亿美元的销售额和 2021 年 1.5 万亿美元的市值。

不仅国外的标杆企业如此，国内企业也逐渐认识到了卓越运营的价值，正在尝试通过卓越运营打造可持续的竞争优势，复星集团和公牛集团是其中的两个典型。

复星集团 FES

复星集团董事长郭广昌先生在公司 2021 年的年报中指出，经过 30 年发展，复星已发展成为国内少数既具备全球化运营与投资能力，又积累了深厚科技与创新能力的企业。复星打造了四大核心能力，其中之一就是 FES 管理体系（Fosun Entrepreneurship/Ecosystem System）。FES 既对复星的企业家进行赋能、激励和管理，也对生态系统的企业本身进行赋能。通过 FES 系统，复星形成了案例库、专家库和工具箱，未来将通过五大模块中对方法论和工具的培训、认证、运用，帮助复星生态及企业家持续获得成功。

公牛集团 BBS

公牛集团专注于电连接、智能电工照明、数码配件三大业务板块，2021 年实现了 124 亿元的销售收入，22% 的净利润率，860 亿元的市值（2022 年 5 月数据）。公牛集团在其 2021 年年报的核心竞争力分析中特别提出，集团形成了以创新增长为核心的公牛业务管理体系 BBS（Bull Business System，公牛版本的卓越运营管理体系）。公牛的 BBS 以价值创造为核心，创新增长为重点，降本增效为基本，赋能研发、制造和营销等全价值链。同时，BBS 也以"赋能公牛每个人、每个业务，追求更快、更高、更远的发展"为使命，不断强化体系建设，推动能力内化，围绕战略目标，充分运用 BBS 工具（如快速自制、爆品开发、精益营销等），驱动组织不断进取，助推新业务快速孵化，突破发展。传统业务的降本增效和创新发展，促进了高绩效突破目标的达成，为公牛创造了源源不断的业务增长点。

丹纳赫、亚马逊和复星集团、公牛集团等，都将其卓越运营管理体系定位成可持续的竞争优势。回顾前文中介绍的企业面临的两大挑战，战略执行和人才培养，卓越运营是如何在这两方面创造价值的呢？

卓越运营的价值 1：战略执行

战略只有得到有效执行才有意义！全球知名的管理咨询大师拉姆·查兰在《执行》中指出：人们通常从战术的角度来考虑执行问题，这本身就是一个大错误。战术是执行的核心，但执行不等于战术。执行是战略的基础,所以它必须同时成为战略的决定因素。如果不考虑企业的执行能力,任何领导者都不可能制定出真正有意义的战略。这些观点再次体现了战略执行的价值和重要性。哪些企业是战略执行方面的标杆?三位研究人员保罗·莱因万德(Paul Leinwand)、切萨雷·马伊纳尔迪(Cesare Mainardi)和阿特·克莱纳(Art Kleiner)在2016年的《哈佛商业评论》上发表了一篇文章,研究杰出企业是如何弥合战略和执行之间的差距的。14家标杆企业,丹纳赫是其中之一。

2021年投资人分析师会议上,丹纳赫提出"通过DBS驱动世界级的执行"这一观点,转换一下语言就是"用DBS的原则达成目标"(Use the principles of DBS to help us achieve our goals)。以上的观点直击了丹纳赫卓越运营管理体系DBS的本质之一——战略执行。正如前文的分析,战略执行涵盖两个方面:业务增长、降本增效。

业务增长:麦肯锡、丹纳赫的案例

丹纳赫在2018年、2019年以及2020年分别实现了10%、5%和24.5%的业务增长。业务增长主要来自有机增长、并购整合两个方面。

1. 有机增长

有机增长(organic growth),有时也被称为核心销售收入增长(core growth)或内生增长,指的是通过开拓更多的新客户、深挖现有客户的业务份额带来的销售收入的增长,与并购整合所带来的销售收入的增长,是一个相对应的概念。丹纳赫在2018年、2019年以及2020年分别实现了7%、6%、6.5%的有机增长。颇尔的营销与销售流程的DBS改善是一个典型的案例。颇尔是丹纳赫的子公司,提供过滤、分离和纯化方面的产品和解决方案。改善前,颇尔面临的挑战在于有限的市场可视化流程,极少或几乎没有的数字化营销能力,完全没有的产生和孵化销售线索流程。通过运用DBS工具，变革性营销提升客户覆盖，线索处理优化交付高质量线索，漏斗管理简化流程、提升胜率。最终达成了线索增加6.5倍，机会增加2倍，胜率提升15%的结果，如图2-4所示。

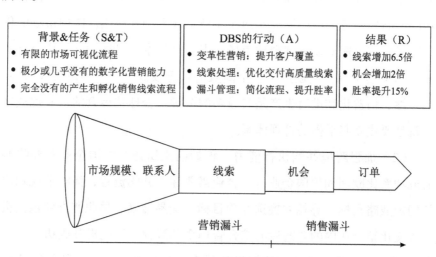

图2-4　有机增长STAR案例

资料来源：参考丹纳赫公开资料整理。

2. 并购整合

麦肯锡从宏观研究的层面指出了卓越运营管理体系带给并购整合的价值。研究指出，"走出去"是中国在2030年前实现5万亿美元的生产力的五大机遇之一，其中"走出去"至关重要的部分就是海外并购。㊀企业应考虑采取三种措施来推进海外并购以实现其全球化战略：明确战

㊀ 麦肯锡.中国的选择：抓住5万亿美元的生产力机遇[EB/OL]．（2016-06-01）[2022-02-22].https：//www.mckinsey.com.cn/%E4%B8%AD%E5%9B%BD%E7%9A%84%E9%80%89%E6%8B%A9%EF%BC%9A-%E6%8A%93%E4%BD%8F5%E4%B8%87%E4%BA%BF%E7%BE%8E%E5%85%83%E7%9A%84%E7%94%9F%E4%BA%A7%E5%8A%9B-%E6%9C%BA%E9%81%87/.

略、辨识核心竞争力、加强跨境并购执行能力。其中以下两点和并购整合有很强的相关性。

（1）辨识核心竞争力。全球经营所必需的核心能力包括出色的产品、创新的经营模式、高效的领导者和管理体系。在产品质量方面，成功的产品和服务理念能够轻易地在海外市场复制和应用。国内市场的创新经营模式也能被复制到全球市场。丰田是日本 20 世纪 80 年代小型节能车的市场领袖，它创造了一个高效的管理模式——"丰田模式"，高纪律性、精益化和准时生产是其成功的关键。全球化运营的核心挑战之一就是要建立起平衡的管理体系。

（2）加强跨境并购执行能力。正如前文所述，中国企业海外收购的成功率比欧洲和美国企业低。企业需要建立并购流程，清晰地规划出从确定战略目标、寻找并挑选并购目标、交易搜索、尽职调查到包括机构和文化整合在内的并购后的综合管理全部流程，以此提升成功率。

麦肯锡的研究结论和建议措施给企业家们的思考是，他们需要建立支撑其并购战略的平衡的管理体系。随之而来的问题是：在全球范围内，哪些企业拥有在并购整合中取得了有目共睹的成果的管理体系，并且可以供中国企业借鉴学习以打造竞争优势呢？

2007 年 2 月，《商业周刊》发表了一篇文章《A Dynamo Called Danaher》，提到过去 20 年里，丹纳赫每年给股东的回报是 25%，优于股神巴菲特的公司伯克希尔·哈撒韦（BRK）的 21%，GE 的 16%，以及标普 500 的 12%。丹纳赫成功的秘诀是巴菲特手法的逆向操作（anti-buffetts）。巴菲特信奉价值投资的理念，购买价值被低估的公司，长期持有，但不提供管理。而丹纳赫的重点是针对收购公司实施 DBS 改造。㊀

根据丹纳赫官网公布的数据，并购是其业务增长战略的关键组成

㊀ Have built their portfolio not by buying undervalued companies and holding them but by imposing on them the "Danaher Business System".

部分，其50%以上的销售收入来自过去七年的并购业务。它的逻辑是以并购带来的销售实现非有机增长（inorganic growth），同时，整合优化利润和现金流，这又进一步为后续的并购提供了资金支持，实现了更进一步的非有机增长。之后，并购后的公司在1年以后实现的有机增长又贡献了丹纳赫的有机增长。颇尔的并购整合是众多典型案例里面的一个。

2015年5月，丹纳赫宣布以138亿美元收购颇尔。颇尔被并购时的年销售额大约为28亿美元。丹纳赫给出的关键结论之一为"高质量的生意，有运用DBS进行运营改善的显著的潜力"。当时的CEO 托马斯·乔伊斯提出"有DBS作为工具，颇尔的员工将在接下来几年加速新产品的开发，并改善运营效率"。自2015年收购开始到2018年的成果落实如图2-5所示。

图2-5 降本增效STAR案例

资料来源：参考丹纳赫公开资料及2015年投资者日（2015 investor day at Beckman Coulter）整理。

可以看出，收购整合的关键是采取与DBS相关的行动。颇尔在全

⊖ ROIC（Return On Invested Capital），资本回报率。投入资本回报是衡量并购绩效的关键指标。以下简称"ROIC"。

球有 2 万名左右的员工，90 天内，70% 的员工完成 DBS 培训，第一年完成 300 次改善活动，这些行动为随之而来的成果打下了坚实的基础。50% 的新产品开发和 20% 的对客户的准时交付率的提升，帮助颇尔的有机增长速度从并购前的个位数提升到 2021 年的两位数，毛利率从 50% 提升到 55%，经营利润率从 18.3% 提升到 30%，实现了超过 2 亿美元的成本节约，6%～9% 的投入资本回报。这些改善产生出来的利润和现金流再次支撑丹纳赫进行后续的收购，比如 2019 年 2 月以 214 亿美元收购 GE 生命科学生物医药业务。

降本增效：丰田、丹纳赫、联合技术、GE 和国内企业的案例

麦肯锡在 2016 年 6 月发表的《中国的选择：抓住 5 万亿美元的生产力机遇》研究文章中曾预估，到 2030 年，提高能源效率和精益运营能帮助中国各产业生产力提升 15%～30%。因为精益等卓越运营管理体系的本质是消除浪费，提升效率。如图 2-6 所示，与全球 500 强企业平均的净利润率进行对比，在卓越运营领域知名的丹纳赫和丰田的净利润率明显优于其他企业，丰田在 2019 年之前持续领先通用汽车和福特汽车。

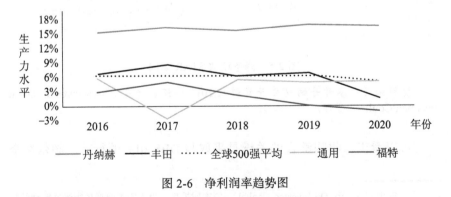

图 2-6　净利润率趋势图

资料来源：根据财富全球 500 强资料和丹纳赫年报资料整理。

虽然在不同的行业之间比较净利润率并不是那么的恰当。但是，不可否认的是，卓越运营在降本增效和提升利润率方面贡献着非常重要的价值。其中的缘由，以丰田、丹纳赫、联合技术、GE 和国内的复星医药、公牛集团等六家标杆企业为例，分析如下。

1. 丰田

丰田信奉"不能机械地思考，即便是拧干的毛巾，只要发挥智慧依然能拧出水"的理念。丰田生产系统的奠基人大野耐一曾经提出，日本人在某些方面有巨大的浪费，只要杜绝浪费，生产效率就有可能提高10倍。丰田专家的观点揭示了丰田生产系统这种卓越运营管理体系实现降本增效的底层逻辑。这一底层逻辑并不会因为行业的不同、时间的变迁而有所不同。丰田和通用汽车的合资公司新联合汽车制造公司（NUMMI）很好地展示了这一点。NUMMI 的前身是通用汽车在美国弗里蒙特的一家工厂。这里每辆汽车的生产成本要比日本工厂高出 30%，生产一辆汽车需要 38.2 小时。之后，由于丰田想要进军美国市场，就与通用汽车合资成立了 NUMMI。新工厂 85% 的员工来自原来的老员工，除了一套新的生产和人员管理体系之外，其他都是旧的。但两年之后，这里的效率却发生了显著提升。每辆汽车的成本降低了 30%，生产一辆汽车只需 17.5 小时，不足之前的一半。同期，通用汽车其他工厂生产一辆汽车还需要 36.1 小时。

2. 丹纳赫

丹纳赫采用其卓越运营管理体系 DBS 的工具实现了很好的降本增效的效果。1998 年福禄克被丹纳赫收购时，利润率只有 8%，通过 DBS 经年累月的改善，其缩减了产品线，加快了库存周转，缩小了工厂面积。2007 年左右，福禄克的利润率大幅度攀升到 21.5%。这一案例折射出了 DBS 在降本增效方面的威力。而财务报表和 DBS 工具的结合，则系统化地展示了卓越运营管理体系 DBS 是如何帮助丹纳赫实现降本增效的。

毛利率改善：
降低物料与物流成本，提升效率，减少报废
DBS 工具： 价值工程和价值分析、精益转型、日常管理、目视化管理

案例： 贝克曼实现了 5% 的毛利率提升

丹纳赫整体毛利率提升 2%

销售和行政管理费用：
间接成本、非面向客户的费用
DBS 工具： 目视化管理、事务性价值流改善

案例： 颇尔实现了 5% 的行政费用降低

丹纳赫的管理和行政费用降低 0.5%

单位：百万美元	2018	2017	2016	2015
销售收入	$19 893	$18 330	$16 882	$14 434
销货成本	($8786)	($8137)	($7548)	($6663)
毛利润	$11 107	$10 193	$9335	$7771
毛利率	55.8%	56%	55.3%	53.8%
运营成本：				
销售和行政管理人员费用	($6472)	($6037)	($5624)	($4748)
SG&A%	−32.5%	−33.1%	−33.3%	−32.9%
研发费用	($1231)	($1129)	($975)	($861)
经营利润	$3404	$2990	$2735	$2162
经营利润率	17%	16%	16%	15%
净利润	$2651	$2492	$2554	$3357
净利润率	13%	14%	15%	23%

图 2-7 DBS 改善的财务影响

资料来源：参考丹纳赫公开资料和财报数据整理。

如图 2-7 所示，DBS 通过改善成本结构来实现降本增效。毛利率改善方面，降低物料与物流成本，提升效率，减少报废。采取的 DBS 工具包含价值工程和价值分析、精益转型、日常管理、目视化管理等。最终，丹纳赫的毛利率在 2015 年到 2018 年间提升了 2%，典型的案例是贝克曼的改善实现了 5% 毛利率的提升。销售和行政管理费用（SG&A）方面，根据 2016 年和 2018 年的财报分析，SG&A 占比从 2015 年的 32.9% 提升到 2016 年的 33.3%，增加了 0.4% 的费用，主要包括在销售和市场上的投资增长，以及并购带来的相对高的费用占比。但 2016 年到 2018 年，SG&A 占比改善了 0.8%，主要归功于前期在销售与市场

方面的投入贡献了更大的销售额，摊低了 SG&A 占比，同时持续的效率改善也降低了 SG&A 占比。效率的改善侧重管理和行政费用的降低，聚焦在间接成本，以及非面向客户的费用，采取的 DBS 工具包含目视化管理，事务性价值流改善等。最终，丹纳赫的管理和行政费用降低了 0.5%。

3. 联合技术

联合技术在 2018 年 3 月 16 日的投资人和分析师会议上，提出了公司的四大优先事项：聚焦于执行，为了增长而创新，结构化的成本降低，有纪律性的资本分配，并设定了公司的业绩目标：调整的 EPS（每股盈利）为 6.85～7.10 美元，销售额为 625 亿～640 亿美元，有机增长为 4%～6%，自由现金流为 40 亿～50 亿美元。最终，联合技术采用其卓越运营管理系统 ACE（Achieving Competitive Excellence，获取竞争卓越），达成了所有的目标：调整的 EPS 为 7.61 美元，销售额达到 665 亿美元，实现 8% 的有机增长和 63 亿美元的自由现金流。UTC 防务系统总裁大卫·吉特林（Dave Gitlin）在会议上针对 2.5 亿美元的成本节约回应道：贡献的一半来自供应链和生产线效率的提升，源自运用 ACE、精益原则、时间观测和标准工作。我们正从每一个步骤里节省每一分每一秒。

4. GE

在 CEO 劳伦斯·卡尔普的领导下，GE 推行精益，聚焦于客户价值，推动在安全、质量、交付和成本上的改善。预计 GE 总债务降低将超过 800 亿美元，2023 年能贡献更好的自由现金流。

5. 复星医药

复星医药在年报中指出，集团将持续深入推进施行"卓越运营管理"（FOPEX），并逐步完善FOPEX2.0体系。通过对各生产环节的分析研究，提出优化措施，提高质量、降低成本、提升产品交付能力。

6. 公牛集团

根据公牛集团2020年的年报数据，公牛的转换器工厂已完成71条精益生产线的导入，实现128台柔性自动化设备的推广使用，并通过SW（标准作业）、DM（日常管理）、PSP（问题解决的流程）等精益改善活动不断提升精益转换率，整体效率提升了20%以上。

丰田、丹纳赫、联合技术、GE、复星医药和公牛集团的案例表明，卓越运营管理体系能够帮助企业降本增效。

总结以上咨询公司的观点和标杆企业的实践，卓越运营能帮助企业从业务增长，降本增效两个维度高效地执行战略。

卓越运营的价值2：人才培养

以下五家国内外的标杆企业的实践很好地展现了卓越运营管理体系在人才培养方面所创造的价值。

丰田的实践

丰田汽车公司前董事长丰田英二的名言"造车先造人"（before cars, make people），折射出丰田以及丰田生产系统的人才培养理念。同其他企业相比，丰田公司能够只用其他企业20%～30%的人力，确保相同的产量，是什么使之成为可能呢？一言以蔽之，就是丰田生产系统培养出来的丰田人的创造力、努力和实践能力。正因如此，丰田学院和全球人力资源总经理木村俊一总结出如下结论：丰田的优势源于能够通过团队合作来培养员工，并实现组织绩效的最大化。NUMMI公司的案例很好地展示了这一点。

如前文所述，通用汽车和丰田合资的企业 NUMMI 的前身是通用汽车在美国弗里蒙特的一家工厂。当时工厂的员工人数为 5000 人，缺勤率达到 20%。每年员工申诉 2000 件，一年罢工 2～4 次，但 2 年之后，工厂却发生了翻天覆地的变化。1986 年，工厂员工总数只有 2500 人，员工缺勤率下降到 2%，全年员工申诉只有 2 件，没有罢工事件，并且生产效率还提升了 1 倍以上。取得以上成绩的关键在于针对员工持续培养的丰田卓越运营管理体系 TPS 的应用。如果员工有机会担任基层主管，需要接受脱产 13 周的管理培训，确保他们能成功地从普通员工转型为主管。为了让 NUMMI 的员工快速掌握丰田的管理方法，丰田在成立初期派了许多人来 NUMMI 传授经验，同时 NUMMI 的员工也有机会去丰田学习。这样的双向交流不但有助于生产技术经验和管理方式的快速复制，也有利于丰田的管理哲学和文化在 NUMMI 实实在在地扎根。NUMMI 的案例展示了丰田的卓越运营管理体系 TPS 在降本增效和人才培养方面所取得的巨大成就。

丹纳赫的实践

丹纳赫也是通过卓越运营管理体系培养人才的典范。2022 年 1 月 20 日，国际权威的杰出雇主调研机构（top employers institute）发布最新的中国杰出雇主认证，丹纳赫中国凭借在企业战略、人才招聘与吸引、企业文化塑造等领域的杰出表现，荣获中国杰出雇主 2022 认证。这一认证是对丹纳赫在人才培养方面的很好的认可。

这些认可背后的关键是丹纳赫卓越运营管理体系 DBS。丹纳赫的 8 个衡量指标里面有 2 个和员工相关，分别是员工流动率和内部岗位填充率。如前文所述，2018～2020 年企业员工平均流失率低于 5%，高管职位由内部人员填充的比例为 75%。要实现合理的流动率以及高管职位填充比例，员工的成长与发展至关重要。每年主管需要和员工沟通培养与发展计划，并设定相应的目标，其中重要的组成部分是学习和掌握DBS工具。正如丹纳赫前高管史蒂夫·西姆斯（Steve Simms）所言："我们的目标是招募、培养和保留强大的领导者，他们创建和持续改善必要的流程以达成我们的目标和期望，而不是诉诸残暴的方式，这就是我们所谓的创造竞争优势。"

丹纳赫培养人才的关键路径之一是通过运用DBS的工具和方法来改善业绩目标，在此过程中实现"以战练兵"，培养掌握DBS工具和方法的人才。2021年丹纳赫的公开数据显示：DBS大学每年培养超过1000名员工，全球颁发1300个DBS认证证书。

丹纳赫前CEO劳伦斯·卡尔普是DBS与人才培养相互融合，交相辉映的典范。2001年5月1日，丹纳赫公布CEO乔治·谢尔曼（George Sherman）退休，并任命劳伦斯·卡尔普为新的CEO。乔治·谢尔曼如此评价劳伦斯：他展示了很好的领导力和愿景，并通过开发制胜战略，打造强有力的组织，以及满怀激情地执行DBS取得了杰出的成果。劳伦斯从丹纳赫离开后，于2018年加入GE董事会，并于同年成为GE的董事长兼CEO，是GE历史上首位空降的CEO。GE在针对他的任命中特别提出：劳伦斯推动了为丹纳赫投资组合业务创造优异运营绩效和价值创造的DBS，这一运营哲学和工具的发展。显而易见，GE认可丹纳赫DBS这一卓越运营管理体系在人才培养中的重要价值。

丹纳赫采用卓越运营管理体系DBS在"以战练兵"的同时培养了各个层级的优秀人才，在达成优秀业绩的同时，实现了人才培养。

福迪威的实践

丹纳赫在2016年正式拆分成两家独立的上市公司，其中一家名为福迪威（Fortive）。福迪威总部位于美国，在全球拥有 17 000 名员工，业务横跨 50 多个国家。旗下产品包含福禄克的仪器仪表、泰克的示波器、工业传感器传动部件等。福迪威的卓越运营管理体系是 FBS（Fortive Business System）。福迪威也在运用 FBS 的过程中培养了许多优秀的人才。根据其官网的数据，2020 年福迪威推出了 200 小时的有关 FBS 工具的线上培训课程。另外的数据显示，过去 5 年以内，其 80% 的总裁职位，65% 的高级管理层职位由内部人员填充。

通过卓越运营管理体系进行人才培养，不仅仅只适用于国外的标杆企业，同时也适合国内企业。

华为的实践

华为公司的《华为基本法》明确提出，"我们强调人力资本不断增值的目标优先于财务资本增值的目标"。人才培养对于华为的重要性显而易见。华为在发展过程中通过不断学习，建立了自身的卓越运营管理体系。华为在年报中提出，在外部专家的协助下，2005～2006 年公司共培养了 2000 名管理者。见微知著，华为大质量的卓越运营管理体系帮助华为培养了众多一流人才，支撑了华为的进一步发展和壮大。

公牛集团的实践

近几年，公牛深入学习世界先进的企业管理方法，致力于打造公牛业务管理体系（BBS，Bull Business System，公牛版本的卓越运营管理体系），对内实现降本增效、推动组织变革；对外实现业务创新增长、落实战略目标，这一思想已成为公牛驱动未来增长的重要方法论和运营体系。2021 年通过改善实践，公牛获得了质量、交货、成本等指标较高水平的提升，打造出了 12 个精益标杆最佳实践，沉淀输出了公牛基础方法论 21 个，培养了黑带人才 10 人、绿带人才 546 人。

丰田、丹纳赫、福迪威、华为、公牛等国内外标杆企业的实践表明，卓越运营管理体系能够帮助企业高效执行战略，同时培养一流人才。

> **关键要点**
>
> （1）丹纳赫的卓越运营管理体系DBS帮助其在35年里为股东创造了1000倍的总回报。
>
> （2）DBS是可持续竞争优势（DBS is our sustainable competitive advantage）。
>
> （3）华为公司最宝贵的是无生命的管理体系，以规则和制度的确定性来应对不确定性。
>
> （4）以价值信条为核心的竞争优势：产品领先、亲近客户、卓越运营。
>
> （5）3×2规则：运用基于时间的竞争策略的公司，其业务增长率和利润率将分别是行业平均值的3倍和2倍。
>
> （6）通过DBS驱动世界级的执行（World-class execution powered by DBS）。
>
> （7）提高能源效率和精益运营能帮助中国各产业生产力提升15%～30%。
>
> （8）造车先造人（before cars, make people）。

第 3 章 ◀ CHAPTER 3

什么是卓越运营管理体系

> DBS 意味着"我们是谁""我们如何做我们应该做的事"。(DBS is who we are and how we do what we do.)
>
> ——丹纳赫

在探讨了企业面临的主要痛点和挑战，以及卓越运营管理体系在直面这些痛点和挑战的过程中所创造的价值之后，本章将从两个层面来揭示卓越运营管理体系的内涵：基础定义与冰山模型。

卓越运营管理体系的定义

卓越运营管理体系的定义建立在体系和管理体系概念的基础上。因此，先要理解什么是体系，以及什么是管理体系。

体系

体系，也叫系统，指由部分组成的整体。系统作为物质世界的一种客观存在，定义可谓五花八门。在国内外学术界，一种比较具有代表性，认可度最高，被系统科学界广泛接受的概念是由一般系统论创始人贝塔朗菲（Bertalanffy）提出的：系统是相互联系相互作用的诸元素的综合体。这一定义强调元素间的相互作用以及系统对元素的整合作用。国际标准化组织在 ISO9000 质量管理体系中这样定义体系：相互关联或相互作用的一组要素。贝塔朗菲和国际标准化组织关于体系的定义高度相似，但这里有大部分人容易忽视的要点，即要素之间需要相互关联与相互影响。体系是一个整体，不是毫无关联、彼此割裂和拼凑的组合。

米格-25 效应从正面的角度很好地诠释了这些本质，体现了系统对元素的整合作用及其带来的价值。苏联研制的米格-25 喷气式战斗机中许多零部件都并非一流：其机身用的是高温钢材料而不是钛，而且机身是手工打造，铆钉都没磨平。此外，其雷达的部件用更便宜的真空管替代了晶体管。但是，因为设计者考虑了整体性能，米格-25 在升降、速度、应急反应等方面均达到了当时世界一流水平。

米格-25 效应揭示了体系的核心本质：相互作用和相互依赖的若干组成部分结合成的具有特定功能的有机整体。我们将在下文的 AGIL 模型中进一步探讨如何实现。

管理体系

　　管理体系。根据玛丽·帕克·福莱特（Mary Parker Follett）的观点，"管理是通过他人来做事的艺术"。一般而言，管理具备四大职能：计划、组织、领导和控制。以此为基础，国际标准化组织把管理体系定义为"建立方针和目标并实现这些目标的体系"。这一定义明确指出了管理体系必须要有目标。质量管理之父戴明关于系统的观点对现代管理理论有着深远的影响。他曾指出，产品或服务 85% 以上的问题应为管理体系本身所致，只有 15% 是由产品和服务的生产提供者造成的。这一经验法则再次传递出管理体系对于企业管理的重要性。

　　卓越运营管理体系的定义也是建立在体系和管理体系基础之上的。但遗憾的是，截至目前，很难形成一个权威的关于卓越运营管理体系的定义。众多专家和研究人员从不同的视角对于卓越运营的理解和侧重点也不尽相同。笔者在研究丹纳赫、福迪威、联合技术、丰田等多家标杆公司的卓越运营管理体系后，发现一个有意思的现象：即使是同一家公司，在不同场景下，其对于卓越运营管理体系的描述都不同，但可以肯定的是每种说法都对。问题在哪里呢？正所谓"横看成岭侧成峰，远近高低各不同"，从不同的视角或者层次来定义和理解卓越运营管理体系，内涵自然也不一样。

　　因此，我们萃取世界标杆企业的卓越运营管理体系的内涵并提炼其精要，借鉴企业管理中的冰山理论构建了卓越运营管理体系的冰山模型。

卓越运营管理体系的内涵：冰山模型

　　图 3-1 所示的冰山模型展示了卓越运营管理体系的内涵，即基于企业文化理念和价值观为实现可持续竞争优势而建立的一系列工作方法的

集合。冰山模型所形成的卓越运营管理体系的内涵包含三个层次：工作方法、价值观、文化理念。

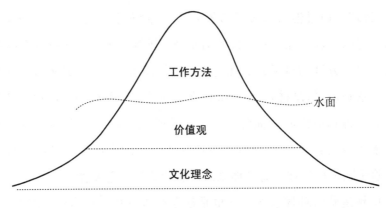

图 3-1　冰山模型

最上层位于水面之上，是大部分人能看到的，称之为工作方法。它是企业和组织为了实现战略执行和人才培养的目的，所开发的工具和流程。

中间的是价值观，它是支撑卓越运营的行为规范。价值观引导全体员工的日常行为，促进他们在战略执行的过程中运用最上层的工作方法。员工在运用这些工作方法的过程中，会逐步掌握相应的工具和流程，最终实现人才培养的目的。

底部的是文化理念，它是有关卓越运营管理体系最基本的理念和原则。如同巴菲特强调企业文化是运作伯克希尔哈撒韦这家公司的 99.9% 一样[⊖]，卓越运营管理体系是运作企业的系统。它的内涵不应只是工作方法，还应该包含文化理念。这些文化理念在日积月累的过程中影响着员工的思维、行为与决策。

⊖　伯克希尔哈撒韦 1965 年到 2021 年的年度复合收益是 20.1%，56 年整体的回报是 36 416 倍。

遗憾的是，大部分人关注的往往是水面之上的工作方法，容易忽视底下的两层。如同冰山理论，工作方法侧重在能力和技能的层面，没有底层文化理念和价值观的支撑，整个卓越运营管理体系将犹如浮萍，无法落地生根。

丹纳赫、丰田等标杆公司之所以在卓越运营领域知名，正是因为这些公司的体系很好地涵盖了这三层。

冰山模型的案例：丹纳赫 DBS

为了洞察丹纳赫卓越运营管理体系 DBS 的内涵，我们参考以上的冰山模型，建立了如图 3-2 所示的工作方法、价值观和文化理念三个层级的结构。

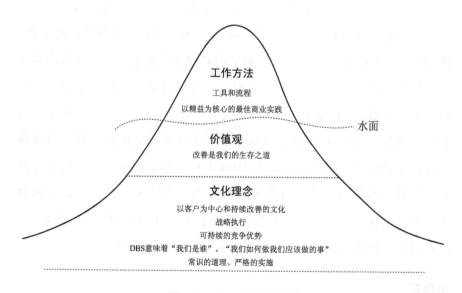

图 3-2　DBS 的冰山模型

工作方法

DBS 经常会被定义成为工作方法。这些工作方法主要是由一些工具和流程组成，基本涵盖了公司经营管理的各个方面。这些工作方法很重要的目的之一是帮助公司执行战略和培养人才。

丹纳赫前 CEO 托马斯·乔伊斯曾针对其卓越运营管理体系 DBS 做了如下解读：许多的 DBS 工具都曾是一些精益工具，是一些最基础的最佳商业实践。基础工具是对这些最佳商业实践的最好的注解。基础工具里面的 5S、标注工作借鉴于丰田，价值流则来源于迈克·鲁斯（Mike Rother）和约翰·舒克（John Shook）的《学习观察》（参考丰田的物料与信息流图创建了价值流），事务性流程改善结合了价值流和业务流程重组（Business Process Re-engineering，BPR）的理念。这些工具的共同点是都在企业的商业活动中取得了很好的效果。丹纳赫学习了这些工具，经过实践并确认有效之后，将其转化为自己的 DBS 工具。

工具和流程既有联系又有所区别。对 DBS 而言，流程导向是基础，所用的工具有时候可能有些难，但它们必须是可重复的、可持续的和可以教授的。严格地按照 DBS 的流程甚至能创造出一些新的流程来，这种严格性是 DBS 成功的最关键的法宝。这表明 DBS 工具本身能创造出相应的流程。DBS 工具包里面也包含了部分关键的流程，在《哈佛商业评论》披露的资料里，早期的 DBS 工具就包含了 9 个关键的业务流程。另外，作为对这些工具和流程的补充，丹纳赫的各个运营公司会根据各自所在行业的特点和要求，建立基于 ISO 标准的质量管理体系。这些质量管理体系涵盖了大量支撑公司高效运营的流程。

价值观

为了进一步落实工具，丹纳赫制定了五大核心价值观以引导全体员工的日常行为，其中包含了：改善是我们的生存之道（Kaizen is our way of life)。

这引领着员工的思维和行为模式。员工需要以 DBS 的方式达成目标，领导者需要以 DBS 的方式进行领导。因此，丹纳赫在针对内外部的沟通中，经常会这样定义 DBS——DBS 是核心价值观。

文化理念

丹纳赫在 2021 年的年报中特别提出，DBS 不仅是运营公司日常所使用的一组流程和工具，更宽泛地来看，它是公司的文化。根据公开资料，DBS 有五点关键的文化理念，同时也是冰山水面之下很容易被忽视的部分。这些文化理念是价值观和工作方法的支柱，同时也是建设和落地 DBS 的指导原则。

1. 以客户为中心和持续改善的文化

DBS 持续成为指导公司的哲学。这个哲学是建立在以客户为中心和持续改善的文化基础之上的（DBS is a customer-centric approach enabling continuous improvement）。

以客户为中心和持续改善的文化明显体现在 DBS 企业标识（logo）之中。这一文化理念也是建设和实施 DBS 的指导原则，即站在客户的视角，不断倾听客户的声音、洞察客户的需求，运用 DBS 的工具和流程持续改善质量、交付、成本和创新，并最终为客户创造价值。

2. 战略执行

在战略管理类的专业文献里面，战略执行模块讨论最多的是人力资源、组织结构、财务和会计等，较少涉及卓越运营管理体系。只有极少数国外的专业机构这样定位卓越运营体系："它是一个业务框架，聚焦在比竞争对手更好增长与执行的策略。"而丹纳赫明确将其卓越运营管理体系 DBS 定位于战略执行，特别指出"通过 DBS 驱动世界级的执行"。这一定位表明了丹纳赫具备用 DBS 的方法执行战略，达成目标，并且系统化将战略转化为执行的能力。考虑到 70% 的 CEO 下台是战略执行不力所致，这一定位具有重要价值和意义。

3. 可持续的竞争优势

"DBS 是我们的可持续竞争优势。"（DBS Is Our Sustainable Competitive Advantage.）2019 年，丹纳赫的 CEO 托马斯·乔伊斯在 JP 摩根医疗专题会议上向投资人和分析师介绍 DBS 及其成果时，特别提出了 DBS 这一定位。这向包含股东、客户以及员工在内的不同利益相关方传达了：在充满竞争的环境下，丹纳赫有着难以复制的竞争优势。

如果说战略的本质是建立和维持竞争优势，那么"DBS 是可持续竞争优势"这一理念，就意味着建设和落地 DBS 本身就是战略举措。这一定程度上解释了，为什么丹纳赫上到董事长和 CEO 下到一线员工都会投入时间和精力到 DBS 之中。

4. DBS 意味着"我们是谁""我们如何做我们应该做的事"（DBS is who we are and how we do what we do）

要将 DBS 打造成为战略执行的可持续竞争优势来为股东、客户和员工创造价值，丹纳赫的理念是用 DBS 引导人们去做应该做的事。这句话传递了一个强烈的信息：需要用 DBS 的原则和方法完成目标。它是丹纳赫过去、现在和未来成功的基石。这一文化理念也是"改善是我们的生存之道"核心价值观的支柱。

5. 常识的道理、严格的实施（common sense, rigorously applied）

用 DBS 去做应该做的事的关键在于把这些常识的道理进行严格的实施。正如前 CEO 托马斯·乔伊斯在 2018 年投资人分析师会议上所言:"如果用一个最简单的框架来描述DBS,那就是常识的道理,严格的实施。如果任何人认为我们今天所谈的任何DBS工具让人脑洞大开,我们将会很震惊。我的意思是许多的DBS工具都曾是一些精益工具,是一些最基础的最佳商业实践,区别在于你怎样去应用它。你是否战略性地运用它(用它达成战略目标)?你是否持之以恒地运用它?你是否严格地实施它?你是否在所有业务领域衡量实施这些工具所带来的影响?你是否让你的管理团队担负起领导力,每一天都践行这些工具和流程?如果你做到了这些,那么这就是DBS之所以成为DBS的关键。DBS也因此成为我们的可持续竞争优势!"DBS将这些常识的道理进行了严格的实施,这是取得卓越绩效的关键。

依据冰山模型的三个层面,丹纳赫定义了其卓越运营管理体系DBS的内涵并践行,实现了卓越运营并收到了广泛的认可。虽然无法提供一个准确的数字,但是它的市值里有一个显著的比例是DBS贡献的。在丹纳赫公司2019年的年报中,托马斯·乔伊斯提到公司成立的35年带给股东的回报(TSR)是1000倍,远超过同期标普500指数公司的40倍。乔伊斯也同时指出:"随着我们产品组合的持续演变,丹纳赫商业系统DBS持续驱动着我们追求更好的更强大的丹纳赫。"

冰山模型的案例:丰田TPS

依据冰山模型洞察了丹纳赫卓越运营管理体系DBS的内涵之后,我们采取同样的方式,分析了丰田生产系统TPS的内涵。基于工作方法、价值观和文化理念三个层级的冰山模型如图3-3所示。

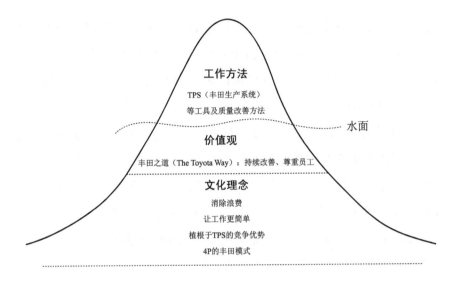

图 3-3　TPS 的冰山模型

工作方法

提到丰田生产系统 TPS 时，大部分人脑海中呈现的是丰田的各种工具和方法。丰田生产系统的研究专家、密歇根大学工业与运营管理专业教授、五次新乡奖得主杰弗瑞·莱克（Jeffrey Liker）指出：丰田能够持续缔造如此辉煌的成就，是其卓越的作业流程所创造的直接成果，丰田已经把作业流程的卓越性变成其战略武器。这种卓越性，其部分基础在于丰田闻名制造业界的工具及质量改善方法，包括准时生产（just-in-time）、改善（kaizen）、单件流（one-piece flow）、自働化（jidoka）[一]、均衡化（heijunka）等。

价值观

为了在全球的业务活动中践行丰田的指导原则，丰田制定了丰田之道（the toyota way）以厘清丰田的价值观和业务方法，即结合软件、硬

[一]　与"自动化"不同，强调的是人机最佳结合。

件和伙伴关系通过丰田之道创造独一无二的价值。

如图3-4所示，2001版本的丰田之道由两个支柱支撑，持续改善和尊重员工。持续改善包含挑战、改善和现场主义。丰田对于自身的现状从不满足，并致力于通过实施新的想法和全力以赴的工作等方式持续改善其业务。尊重员工包含尊重所有的利益相关方，相信个人努力和团队合作，这些有助于业务的成功。

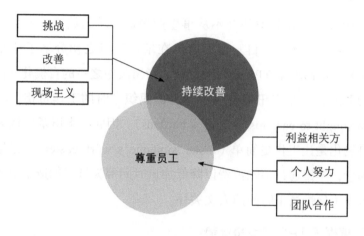

图3-4　丰田之道

资料来源：参考丰田官网资料 The Toyota Way 2001 整理。

在2020版本的丰田之道中新增加了一些内容，但是仍然保留了持续改善（continue the quest for improvement）和尊重员工（show respect for people）。

文化理念

杰弗瑞·莱克在《丰田模式：精益制造的14项管理原则》一书中指出，工具与技巧并不是使企业转型的秘密武器，丰田之所以能持续成功地施行这些工具，归功于该公司以了解与激励员工为基础的企业经营理念。以下文化理念是丰田生产系统的基石。

1. 消除浪费

丰田将 TPS 定义为一种致力于彻底消除所有浪费以追求最有效方法的哲学。丰田公司总裁丰田章男指出："在强化 TPS 和精炼成本的旗帜下，我们正努力工作以彻底消除浪费、不均和超负荷，不仅在生产线，还包含办公室，技术岗位以及任何其他的地方。"

2. 让工作更简单

2019 年，丰田针对那些不从事生产制造领域的员工，组织了一次"TPS 领导人"培训项目。丰田章男在培训项目之初分享了他眼中的 TPS 内涵。他回顾了 TPS 的两大支柱，指出其中之一的自働化（jidoka）工具的开发初心是丰田佐吉为了减轻妈妈织布时的工作负担（Sakichi Toyoda sought to ease his mother's burdens）。因此，丰田章男认为他眼中的自働化是让工作更简单（make someone's work easier）。正是基于这一理念，丰田通过消除浪费以降低加班时间等为员工创造了更多的自由，体现了珍惜员工时间的人文关怀。

3. 植根于 TPS 的竞争优势

丰田汽车社长丰田章男在 2019 年股东会议上提出："我们的目标是在生产场所实现植根于 TPS 的竞争优势。"

基于将 TPS 作为竞争优势的理念，丰田公司在这次会议上介绍了和供应商一起运用 TPS 降低生产作业时间、改善生产线布局的案例和成果。这一举措本身传递出的信息比改善成果更有价值和意义。丰田借此机会向包含股东、合作伙伴和员工在内的利益相关方强调，丰田在充满竞争的汽车行业拥有竞争对手不具备的竞争优势。

4. 4P 的丰田模式

丰田生产系统 TPS 的研究专家杰弗瑞·莱克从外部视角提炼了

TPS 的理念。他认为丰田模式和丰田生产系统是丰田公司 DNA 的双螺旋，共同定义了丰田的管理作风以及该公司的流程特色。如图 3-5 所示，4P 模式由四个模块组成：底层的理念（philosophy，或称之为哲学）、流程（process）、员工与合作伙伴（partner）与解决问题（problem-solving）。这四大模式涵盖了指导丰田日常经营管理的 14 项管理原则。

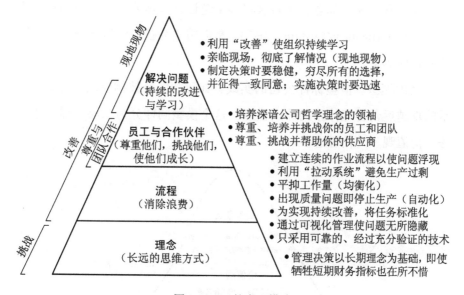

图 3-5　4P 的丰田模式

资料来源：参考《丰田模式》整理。

依据冰山模型的三个层级，丰田定义了其卓越运营管理体系 TPS 的内涵，并根据这些内涵指导 TPS 的建设和实施，最终，实现了对北美三大汽车厂商的超越并成为世界第一。

总结以上两家标杆公司的实践，分析卓越运营管理体系的定义和内涵，需要审视各个层面和各个视角。以任何单一的层面或视角去定义和解读都有可能造成以偏概全的窘境。

冰山模型的实践：如意智能科技 JBS

为了解决在战略执行和人才培养过程中所面临的挑战，如意智能科技在管理咨询专家的帮助下，对标借鉴以上标杆企业的最佳实践，逐步确定了自身卓越运营管理体系的定义和内涵，即冰山模型。

定义和内涵。 如意智能科技将其卓越运营管理体系命名为如意商业系统（Joey Business System，JBS），是以精益为核心的最佳商业实践构筑的管理体系。

冰山模型。 借鉴标杆公司的实践，如意智能科技构建出如图 3-6 所示的卓越运营管理体系的冰山模型。这个模型同样分为三层，即工作方法、价值观、文化理念。

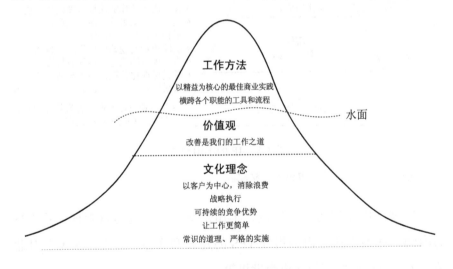

图 3-6　JBS 的冰山模型

工作方法

借鉴标杆企业的实践，卓越运营管理体系 JBS 是如意智能科技的工作方法。这些工作方法是横跨各个职能部门的工具和流程。

工具是以精益为核心的商业实践。如意智能科技已经导入了5S、目视化管理等一些精益工具。但是，这些仅仅是针对生产和制造领域的，其他职能部门比如研发、销售等还欠缺有效执行战略和培养人才的一些工具和方法。

流程的目的是确保公司规范有序经营。借鉴华为全员、全过程、全价值链的质量管理体系，如意智能科技在外部顾问的帮助下已经建立了基于ISO9001标准的质量管理体系流程，期望打造高效的"端到端"流程，为客户创造价值。

此外，工具和流程的联系与区别在于工具本身是流程导向，同时工具在一定程度上也能创造和优化流程。

以上的工具和流程是如意智能科技过去成功的基础。不足的是，这些工具和流程是割裂和分离的，工具并不全面，流程也未被严格执行。因此，卓越运营管理体系JBS将整合工具和流程两个方面，使之成为一个有机的整体。

价值观

如意智能科技的核心价值观是"客户第一、团队协作、勤奋正直"，并没有关于改善方面的内容。经过管理团队的讨论，如意智能科技决定借鉴标杆公司的实践，修改公司的核心价值观。用"改善是我们的工作之道"取代"勤奋正直"（价值观如何落地将在后文中探讨）。

将"改善是我们的工作之道"的价值观引入到JBS的内涵之中，这传递给全体员工一个信息：在如意智能科技，为了实现卓越运营和人才培养，员工的思维和行为方式需要符合改善的精神。

文化理念

如意智能科技在对标学习了以上标杆公司的做法之后，确定了以下五个方面的文化理念。这些文化理念也是引领员工思维、行为、决策的底层假设和指导原则。

1. 以客户为中心，消除浪费

如意智能科技在客户体验方面面临着巨大的挑战，客户端质量缺陷率高达3%，准时交付率只有87%。此外，公司经营管理存在着巨大的浪费，毛利率只有28%，公司处于亏损状态，经营利润率是-8%。

借鉴标杆企业关于其卓越运营管理体系的内涵及其实践，如意智能科技根据自身的侧重点进行取舍，确定了以客户为中心，消除浪费的文化理念。这样能引领员工以质量和交付等影响客户体验的痛点为出发点，消除流程中的八大浪费，从而改善客户体验并提升效率。这也为其核心价值观"客户第一"奠定了文化理念基础。

2. 战略执行

如前文所述，战略执行不力是如意智能科技目前面临的两大关键挑战之一。因此，在咨询专家的建议下，如意智能科技将JBS的定位之一设定为战略执行。这一定位也参考了丹纳赫"通过DBS驱动世界级的执行"的理念。同时，如意智能科技为了更清晰地解释战略执行与文化、战略和经营结果之间的关联，制定了如图3-7所示的战略执行地图。愿景、使命和价值观是企业文化的关键组成部分（有些企业设定的顺序是使命、愿景与价值观，顾问参考了战略管理专业文献，以及一些企业的实践，比如华为，决定调整顺序为愿景、使命、价值观），战略承接上三层的文化，最底层是战略成果。而JBS的定位则是系统化地将战略转化为执行，以实现战略成果。依据罗伯特·卡普兰和大卫·诺顿的观点，战略成果主要由以下三方面构成：士气高昂训练有素的员工、愉快忠诚的客户、满意的股东。典型的案例如丹纳赫，用核心价值驱动（Core Value Driver，CVD）来衡量每个运营公司的目标。CVD 包含八个关键目标，分属于股东、客户和员工三个维度。

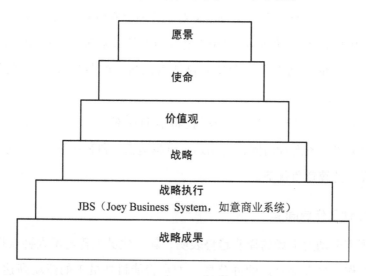

图 3-7　如意智能科技战略执行地图

3. 可持续的竞争优势

如意智能科技在目前激烈的竞争环境中明显处于劣势。为了扭转这一不利的局面，需要打造可持续竞争优势。依据前文中介绍的价值信条的理念，一般而言，组织可以从以下三个方面构建竞争优势：产品领先、亲近客户、卓越运营。

产品领先方面，如意智能科技分析了目前的竞争环境，认为无论是专利数量、人才储备还是资金支持，相比市场上的头部玩家，都难以建立竞争优势。因此，这一条作为竞争优势选项不太适合。

亲近客户方面，如意智能科技认同德鲁克的观点"关于企业的目的只有一个正确而有效的定义，创造顾客"，这也是将"客户第一"纳入其核心价值观的理论来源。此外，竞争对手因为技术领先和追求短期利润最大化，其客户满意度不高。因此，如意智能科技决定将亲近客户打造成为竞争优势，不过为了更贴合自身的语言习惯，如意智能科技决定在核心价值观中将亲近客户更改为客户第一。

卓越运营方面，市场上的竞争对手普遍存在管理不善、效率低下的问题。因此，借鉴丹纳赫将DBS定位为可持续竞争优势的做法，在外部咨询顾问的帮助下，如意智能科技可以将JBS打造成为公司的可持续竞争优势之一。

经过以上分析，如意智能科技将借助外部咨询公司的力量，举全公司之力投入资源和时间，把JBS（卓越运营）和客户第一（亲近客户）打造成可持续竞争优势。

4. 让工作更简单

现有劳动力市场的择业趋势表明，新一代员工普遍不太喜欢在制造工厂工作，更青睐舒适的办公楼。如意智能科技员工的流动高达52%，管理岗位员工流失后，空缺岗位自内部招募的比率仅有35%，部分的原因就在于工作的环境并不那么舒适，劳动的强度和枯燥度相对较高。因此，借鉴丰田"让工作更简单（make someone's work easier）"的理念，能在一定程度上吸引和保留人才。

"让工作更简单"成为JBS的文化理念，意味着在工作过程中企业需要采取多种途径、方法和手段来优化、简化工作流程。这包含基于精益理念的消除浪费，结合采用自动化和数字化等方式降低员工的工作强度和枯燥度，从而为客户创造价值，而为客户所创造的价值，反过来又带给了员工成就感。这样的良性循环有助于公司吸引和保留人才，并支撑战略执行。

5. 常识的道理、严格的实施

尽管如意智能科技也引入了诸如5S、目视化管理等精益工具，但收效甚微。咨询公司对比分析了多家实施卓越运营的企业后，发现真正实现卓越的寥寥无几。问题在哪里呢？剖析其中的原因，人们发现企业内的大部分员工都认为这些工具是一些他们早已经知道的道理和方法，并不是什么灵丹妙药，没有什么作用。因此，这些企业员工并未严格地应用这些工具。这意味着，尽管有了"药方"，但是公司并未按时按量"服药"，效果自然不尽如人意。

对比卓越的企业，以及一些规模庞大、资源丰富，但管理却平淡无奇的企业，如意智能科技明白，标杆企业的卓越运营工具和方法不一定是最好、最全面、甚至最结构化的，但它们都是将其卓越运营管理体系实施最严格的。这一点，无论是从投资人的分析师会议、年报、网站、高管访谈还是公司现场，都能感受得到。这和国内互联网企业的理念"宁要三流的战略加一流的执行，也不要一流的战略加三流的执行"如出一辙。基于这些原因和背景，如意智能科技决定将"常识的道理、严格的实施"纳入 JBS 的文化理念，指导未来的落地实施。

以上五点构成了 JBS 的文化理念。最终，以冰山模型为框架，在借鉴标杆公司的最佳实践的基础上，如意智能科技建立起了卓越运营管理体系 JBS 的内涵。这一内涵框架将指导后续卓越运营管理体系 JBS 的设计和落地实施。

数字化时代卓越运营的适用性

近些年随着企业数字化转型发展得如火如荼，如意智能科技内部出现一种观点，认为卓越运营在数字化时代已经没有那么重要了，企业的一切问题都可以通过数字化来实现。当这种想法和观点在公司内部传播，特别是掌握了权力和资源分配的部分高管人员也认同这种想法的时候，就给卓越运营管理体系 JBS 的建设和落地带来了巨大的阻力和障碍。如意智能科技的 CEO 找到咨询顾问，交流了其中的困惑和苦恼。

咨询顾问建议 CEO 和部分高管一起参与研究，看看其他标杆企业和专家是如何处理这个问题的。

在进行了大量的对标分析和研究之后，研究团队发现卓越运营是实施数字化的基础和前提。数字化本身的确能带来效率的提升，甚至能预防工作中的一些人为因素的影响。但是，如果在未进行卓越运营转型之前，盲目进行数字化，很有可能造成另外一种 O2O（offline to online），即将线下的浪费搬到线上。另外，由于部分流程已采用数字化的方式固化到了 IT 或 OA 系统中，这反而可能阻碍价值在流程中的快速流动。在众多的研究案例中，美的和华为的实践带给如意智能科技管理团队的触动是最大的。

美的 2017 年年报提出，将进一步推动企业数字化转型，以软件、数据驱动全价值链的卓越运营。2019 年美的集团董事长兼总裁方洪波针对数字化时代制造业如何重构价值链分享了美的的路径：首先要做精益生产，在精益化的基础之上做自动化，在自动化的基础上做信息化，在信息化的基础上做数字化。最近几年，美的的精益化和数字化不断被专家学者和其他公司提及、借鉴和学习，一定程度上反映出美的的精益化和数字化取得了较好的成果。

华为公司在 2018 年的年报中指出，持续深化精益生产，构建起业界领先的手机精益一流生产线，通过机器人、数字化 IT 系统和人工智能的应用，实现了自动化程度 70%、制造过程透明可视和实时预警，保障了手机产品出厂的高质量和极致用户体验。其中的精益、数字化、自动化，是华为成功的关键，同时也是华为基于价值创造流的管理体系建设，实施全员、全过程、全价值链的质量管理最好的佐证与注解。

最终，如意智能科技的管理团队认识到卓越运营和数字化是相互支撑和相互关联的。他们提炼出如图 3-8 所示的针对如意智能科技数字化转型的精益化[⊖]、自动化、数字化的三个层次结构,即先进行精益化,然后实施自动化,特别是低成本的自动化(LCIA,Low Cost Intelligent Automation),最后实现数字化。

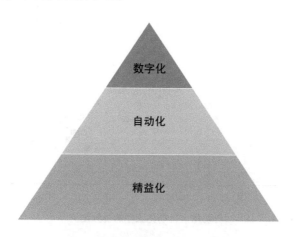

图 3-8　如意智能科技数字化路径

精益化:专家理念、高瓴资本的实践

　　精益化是自动化和数字化的基础。《改变世界的机器》一书的研究显示,如果一个公司想要获得高效益,采用高技术工序自动化之前应该先建立精益的组织。

　　早在 1990 年,詹姆斯·沃麦克等专家研究了日本汽车厂商和美国汽车厂商、欧洲汽车厂商的生产效率,日本汽车厂商的生产效率分别是美国和欧洲同行的 1.5 倍和 2.15 倍。日本企业在效率高的同时,其他指标也优于美国和欧洲的同行。比如,质量缺陷率,前者分别是后两者的 73% 和 62%;库存数量,前者分别是后两者的 6% 和 10%;生产占地面积前者只有后两者的 73%。自动化是否是秘密所在?答复既是也不是,

---

⊖　考虑到分析的资料中,很多专家和企业家经常用精益来代指卓越运营,如意智能科技的卓越运营也是以精益为核心的管理体系,因此在这里先用精益暂代卓越运营。

原因就在图 3-9 之中。

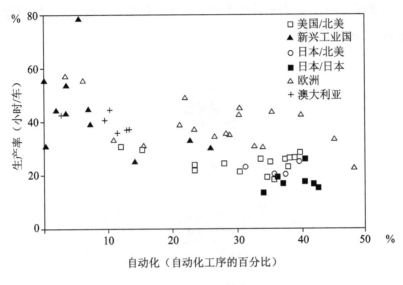

图 3-9　自动化与效率关系

资料来源：詹姆斯 P. 沃麦克，丹尼尔 T. 琼斯，丹尼尔·鲁斯．改变世界的机器 [M]．余锋，张冬，陶建刚，译．北京：机械工业出版社，2015．

就整体趋势而言，自动化程度越高所需要工作量越少，意味着效率越高。不过，右侧最下方黑色方框所代表的日本企业，其自动化比率只有 34%，却是全世界效率最高的工厂。它只需要一个自动化程度相当的欧洲工厂工作量的一半或另一个工厂工作量的三分之一。图中还可以看到，当时世界上自动化程度最高的欧洲工厂（最右侧的白三角，总装工序自动化率为 48%）比只有 34% 自动化率的效率最高的工厂多出 70% 的工作量。

《精益思想》一书的案例中也出现过类似的情形。1994 年丰田美国配送中心实现全部自动化，但是生产效率落后于实行了标准工作、可视化控制等精益理念和工具的其他配送中心。此外，普惠将 8000 万美元的超大磨床装备淘汰，取消自动导引车和自动存储仓库，引入精益的"一件流"理念，实现了交付时间从10天降低到75分钟，成本降低51%的收益。

以上的案例说明，精益是自动化的基础。除了以上研究精益的专家以外，还有许多学者和企业界人士也认同精益和敏捷的流程等卓越运营是自动化和数字化的基础。

比尔·盖茨很早就提出，企业采用自动化设备有两条原则。第一条原则是，如果将其运用到高效的运营流程中，自动化可以大幅提升生产效率。第二条原则是，如果流程本身效率低下，则自动化会导致更大的浪费。与比尔·盖茨有着类似观点的专家还有流程再造之父迈克尔·哈默。哈默在20世纪80年代提出：将一摊混乱自动化，会导致一摊自动化的混乱。除非一个组织重新定义它的业务流程，否则，在原有的流程上引入新科技并无益处。与之对应的是，那些将流程再造与科技两者结合起来的公司，例如IBM、欧文斯科宁、阿莫科公司和通用磨坊公司，都获得了惊人的成功。比尔·盖茨和迈克尔·哈默基于多年在企业实践所沉淀出的观点，证明卓越的管理流程是自动化和数字化的基础。

除此之外，国内企业的实践也佐证了这一点。高瓴资本合伙人、深度价值创造负责人（DVC）李良分享了高瓴资本收购百丽之后的数字化转型路线图，其中很关键，但"很多人看不到的"，就是精益[⊖]。

综合专家学者的研究和企业的实践，如意智能科技得出以下结论：精益等卓越运营是自动化和数字化的基础。

自动化：麦肯锡的研究

麦肯锡在《中国的选择：抓住5万亿美元的生产力机遇》一文的宏观层面研究数据显示，中国在各领域的机器人使用量均比美国少至少

⊖ 高瓴资本还内化了一些丹纳赫DBS专家，组建团队帮助高瓴资本投资的企业进行精益转型和数字化转型。

25%，建议推行中国特色的人机协作模式，提升劳动生产力来应对中国劳动力成本迅速提升的这一压力。

实际上，丰田自働化的理念就是出于"make someone's work easier"的想法。因此，丰田的工厂中随处可见许多低成本的自动化方式。无独有偶，腾讯集团高级管理顾问杨国安教授提出了供应链实现智能制造的三个关键词：①精益（lean），减少浪费；②柔性（flexible），按照不同客户的需求做出不同的产品；③智能（smart），机器要聪明，能自我诊断和优化。杨国安教授的观点在一定程度上佐证了精益等卓越运营的理念和方法。同时提出的智能化的理念，可以理解为自动化的升级版本。

借鉴以上咨询机构、企业和学者的观点，鉴于制造领域劳动力成本迅速提升，在实施精益等卓越运营转型之中或之后，如意智能科技决定根据需要引入低成本的自动化。这体现了JBS"让他人的工作更简单"（make someone's work easier）的理念，以改善效率并减轻员工负担。

数字化：麦肯锡和亚马逊的研究与实践

麦肯锡宏观层面的研究还得出另外一个结论：到2030年，中国将有五大机遇提升生产力，其中之一是数字化。同时，微软针对其客户的调研也表明，现在的每个企业和组织都在尝试将其"端到端"的流程——从销售到客户服务到供应链管理——数字化，以快速适应不断变化的市场。数字化的重要性和价值可见一斑。在如意智能科技的对标研究中，有两种将精益等卓越运营和数字化结合的情景。

第一种，是将精益等卓越运营作为企业实现数字化的基石。在数字化时代的标杆企业中，亚马逊算是出类拔萃的。亚马逊在其官网致股东的信息中分享了五个亚马逊最基础的管理和决策方法，其中之一是：

"努力工作以更明智地花费并维持我们的精益文化。我们理解持续强化成本意识文化的重要性。"亚马逊很直白地写明了精益是这家数字化互联网公司的文化。实际上《精益思想》一书就在贝佐斯推荐的书单上。实践层面,亚马逊在仓储物流和公司运营的各个方面推行了许多的精益理念和工具。比较经典的是在客户服务部门推行安灯系统,以推动客户体验的改善。所以,思想和实践层面都佐证了精益等卓越运营适用于数字化企业。

基于精益等卓越运营理念和工具的应用,亚马逊采取数字化的手段来改善客户体验、提升效率。亚马逊在内部管理和运营中制定了大量的目标和指标,以 2010 年为例,这些目标和指标多达 452 个,如何做到对这些目标和指标的追踪和管理呢?在亚马逊,数据的收集和分析是实时的。如果有需要,亚马逊可以看到每天、每小时、每分、每秒的数据。如果数据出现异动,系统会自动提示相关人员。一个典型的案例就是人工接触次数的改善。人工接触次数指的是平均每个订单完成过程中发生人工接触的总次数。这是亚马逊极为重视的一个关键指标。因为每一次的人工接触,都意味着相应的人工成本。如果每单平均人工接触次数保持不变,那么若订单规模增加 10 倍,相关人员人数就至少应增加 10 倍。2002 年亚马逊首次实现了盈利,背后的重要原因之一,就是当年的人工接触次数下降了 90%。这意味着同样的人数,能支撑订单 10 倍的增长,人效提高了 10 倍。同样的人工成本,收入增长 10 倍。

第二种,是将精益等卓越运营的管理方法和工具本身数字化,帮助企业实现管理赋能。Salesforce 是其中的典型,这家公司通过客户关系管理(CRM)将数字化营销、销售漏斗等卓越运营的管理方法数字化、SaaS 化,帮助企业赋能。其客户飞利浦全球商业英才副总裁维姆·范·吉尔斯(Wim Van Gils)的反馈是一个经典的范例:"我们利用 Salesforce 开发用于工作的工具、流程和新方法,以满足特定市场的客户和消费者需求。它是连接这些对象的协作工具。"国内的企业如字节跳动也将其 OKR 管理方法数字化成为飞书系统，用于内部的管理赋能，以上企业的实践案例表明，将精益等卓越运营的管理方法和工具数字化，能帮助企业实现管理赋能。

以上两种方法对如意智能科技均有参考和借鉴的价值。基于战略聚焦和资源限制考虑，如意智能科技会优先考虑第一种类型，即用精益等卓越运营工具优化流程，然后再将优化后的流程数字化。这意味着，精益化是数字化的基石，而数字化反过来又是精益化产生更大杠杆效应的赋能手段。

综合以上专家学者的理论观点以及标杆企业的最佳实践，如意智能科技坚信，诸如精益之类的卓越运营管理是互联网数字化时代企业经营管理的基础。

> **关键要点**
>
> （1）DBS 意味着"我们是谁""我们如何做我们应该做的事"。（DBS is who we are and how we do what we do）
>
> （2）体系：相互关联或相互作用的一组要素。
>
> （3）卓越运营管理体系的冰山模型：工作方法、价值观、文化理念。
>
> （4）数字化的三个层次结构：精益化、自动化、数字化。
>
> （5）如果一个公司想要获得高效益，采用高技术工序自动化之前应该先建立精益的组织。
>
> （6）企业采用自动化设备有两条原则。第一条原则是，如果将其运用到高效的运营流程中，自动化可以大幅提升生产效率。第二条原则是，如果流程本身效率低下，则自动化会导致更大的浪费。

第 4 章 ◀ CHAPTER 4

如何设计卓越运营管理体系

> 系统为了保证其本身的存在、持续以及有效性，必须满足 AGIL 的功能。
>
> ——塔尔科特·帕森斯

> 随着产品组合的进化，DBS 也在持续进化。
>
> ——丹纳赫

痛点与挑战

很多企业都在建设管理体系以提升经营管理水平。在这个过程中，往往存在以下三方面的问题：第一，邯郸学步、漫无目的；第二，盲人摸象、故步自封；第三，急功近利、全面开花。

邯郸学步、漫无目的

这种问题的典型情形是什么管理方法流行就学什么。这种学习往往是拍个脑袋，抓个药方，组织培训，拍照合影，就像邯郸学步一样，缺乏深思熟虑，很容易随波逐流，迷失方向。此外，"东一榔头，西一棒槌"的割裂式学习，导致学得太多太杂，企业的管理容易变成"四不像"。在这一点上，华为的体会尤其深刻。1999年，华为发表的《学习IPD内涵，保证变革成功》中提出：世界上还有非常好的管理，但不能什么管理都学，什么管理都学习的结果只能是一个白痴。因为这个往这边管，那个往那边管，综合起来就抵消为零。所以只向一个顾问学习，只学一种模型。这些年的改革失败就是老有新花样、新东西出来，然后一样都没有用。

盲人摸象、故步自封

企业在建立卓越运营管理体系的过程中，还存在以下两类典型问题。

其一是对于卓越运营管理体系的建设采取盲人摸象的方法，摸到哪里是哪里。盲人摸到的"扇子""柱子""墙"和"绳子"永远构成不了大象，尽管企业摸到的局部正确，但是因为缺乏整体思维和系统布局，摸到的局部并不能拼凑出一个系统化的整体。

其二是企业在摸到了"扇子""柱子""墙"和"绳子"之后，在面对优秀的管理工具和方法时，会陷入"我们不一样"的窘境。正如质量管理大师爱德华·戴明（Edwards Deming）谈道：推行质量管理体系的痛点之一就是企业到处存在"我们不一样"的观点。这句话也常常是推行卓越运营管理的企业的员工的口头禅。"我们不一样"的观点是如此根深蒂固，因为我们的行业不一样，我们的产品和服务不一样，我们的发展阶段不一样，所以，那些管理体系和工具不适合我们。在这种故步自封的心态下，企业中的部分员工会抵制学习或运用其他优秀的工具和方法。

的确，它们是不一样的，但是有些管理的基本原理是通用的。正如全球最大的私企之一科氏工业董事长兼 CEO 查尔斯·科赫在《做大利润》一书中指出：尽管 MBM 潜能巨大，但要成功地将它付诸实践也绝非易事。在科氏工业开发和实施这些原则的 50 多年里，我们深刻体会到，简单照搬或是以自己的方式运用这种管理工具远远不够，关键要真正领悟它背后的基本原理，只有这样才能根据实际情况解决实际问题。

医疗机构正是通过系统化地学习并领悟丰田 TPS 的基本原理，才沉淀出了适合行业和医院的精益医疗管理体系。其实，这种通过系统化地学习、领悟、提炼、沉淀而建立适合自身的卓越运营管理体系的路径，并没有那么困难，关键的挑战在于克服盲人摸象，故步自封的心态。

急功近利、全面开花

计划建立或正在建立卓越运营管理体系的企业，不同程度地存在急功近利、全面开花的问题。2021 年年初，某房地产企业花大价钱，投入很大的精力挖了某标杆公司的卓越运营管理体系人才，然而，仅仅半年时间就偃旗息鼓，曲终人散。当"party is over"，剩下的往往是一地鸡毛。卓越运营管理体系的建设与落地是企业管理领域的一场革命。不克服急功近利的心态，真真正正地静下心来推行，基本无法取得理想的成果。和急功近利类似的问题则是全面开花，企业在各个领域同时引入多种工具和方法，在资源并没有那么充足和成熟的情形下，这种不够聚焦、缺乏主轴和节奏的方式并不利于产出让人信服的成果，最终也不利于卓越运营文化的建立。

真正卓越的企业往往选择做时间的朋友。华为从 1997 年开始，在 IBM、PWC、Hay、埃森哲等咨询公司的协助下，陆陆续续建立起 IPD（Integrated Product Development，集成产品开发）、IFS（Integrated Financial Service，集成财经服务）、LTC（Lead To Cash，线索到回款）等流程。根据一位拥有华为背景的培训老师反馈，华为于 2002 年开始全面推行 IPD，但直到 2010 年才被认为推行成功。一个流程和工具的推行尚且如此，整个卓越运营管理体系的建设周期可想而知。

针对以上的痛点与挑战，卓越运营管理体系的设计方法是什么呢？

体系设计的方法：AGIL

卓越运营管理体系统的设计要符合两个要点。

其一，系统设计的内容应该匹配前文中所介绍的定义和内涵——冰山模型。

其二，系统的内容和结构需要具备系统的特征。正如有些专家指出，精益（卓越运营管理体系的一种）的精华是系统性的方法。系统需要进行通盘的考虑和设计。以水为例，水在常温下是液体，水分子由氢元素和氧元素组成，研究氢气和氧气永远不可能了解水的特性。卓越运营管理系统，不是元素（工具）的简单拼凑和汇总。卓越运营管理体系的基础是体系，而体系的核心，依据塔尔科特·帕森斯观点"社会系统为了保证其本身的存在、持续及有效性，必须满足一定的功能要求"，在一般意义上有四种必要功能，即图 4-1 所示的 AGIL 模型。值得强调的是，借鉴社会系统的观点来构建企业的管理体系并非一家之言。有些精益专家也采用了社会系统的观点构建了一些与精益相关的工具和模型。这种以系统思维来构建管理体系的做法能最大限度避免盲人摸象，只抓零碎的局部、没有系统化的整体的痛点。

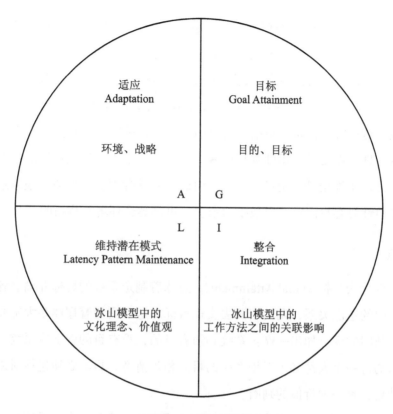

图 4-1 AGIL 模型

资料来源：参考百度百科与《社会行动的结构》整理。

适应

A 代表适应（Adapation），正如达尔文的进化论，世界上能够生存下来的物种，并不是那些最强壮或最聪明的，而是那些可以适应变化的。同理，系统必须通过多种途径获取所需资源、控制环境状态，为适应环境和生存提供条件。要适应环境，要契合企业的使命、愿景以及战略，这一定程度上能从更宏观的层面解决上述挑战中邯郸学步、漫无目的的痛点。典型的案例是亚马逊和华为的管理体系。

亚马逊管理体系的精妙之处，就是契合，其与创始人的创业初心，与企业的使命、愿景及发展战略都高度匹配。亚马逊的愿景是成为地球上最以客户为中心的企业，这一愿景围绕客户，为适应环境而存在。

华为在其年报中指出，它的管理体系是基于ISO9000的全面质量管理，对准客户需求，以战略为牵引，在公司范围内推行并持续落实大质量管理体系要求，不断强化以客户为中心，基于价值创造流的管理体系建设，实施全员、全过程、全价值链的质量管理。华为的管理体系很明确地针对客户需求，以战略为牵引，也是契合环境与战略的。

目标

G代表目标（Goal Attainment），意味着制定系统的目标并确立各种目标间的主次关系，调动资源去实现目标。这和质量管理体系大师爱德华·戴明的观点如出一辙：系统必须有目的，没有目的就不成系统。系统内的每一个人都必须对该系统的目的相当清楚，目的必须包括对未来的计划，是一种价值的判断。

目标制定在系统适应环境和战略之后进行。通常而言，系统的目标往往围绕着企业的痛点和挑战，例如前文中所提到的战略执行和人才培养的痛点。为系统制定目标同样也能改善系统建设过程中所存在的邯郸学步、漫无目的等痛点。

下面的两个案例是很好的佐证。GE的CEO在2022年2月给股东的信中指出，精益（GE的卓越运营管理体系）是关于聚焦客户且消除浪费以给客户创造更多的价值的，旗帜鲜明地指出了精益这个系统的目的是聚焦客户，为客户创造价值。联合技术在官网中介绍，卓越运营管理系统ACE（Achieving Competitive Excellence，获取竞争卓越）的目的和目标就是聚焦于以客户中心、改善员工体验、交付业界最佳的绩效表现、着眼于未来的创新。

考虑到系统需要契合的环境和战略是来自多个方面的，因此，有关于系统目标的制定，也需要考虑不同的视角和层次。

整合

I 代表整合（Integration）。系统各部分协调为一个一起作用的整体。这意味着系统内部要进行相互协调和配合（也就是前文系统定义所提到的"要素之间要相互关联、相互影响"），实现系统功能的整体优化。判断系统是否能有效整合、实现整体优化的标准之一就是系统目标实现的程度。

卓越运营管理系统设计最大的挑战之一就是厘清冰山模型中各个工作方法的基本原理并将其有效整合，使之相互关联与相互影响，构建一个系统化和结构化的整体。这能避免盲人摸象所导致的缺乏系统思维的痛点。下面的案例展示了这样做的好处。

华为认为，公司变革管理面临的最大挑战是跨功能部门的集成，要系统管理各个变革项目相互间的结合部分和关联关系，最终形成公司管理体系的"端到端"的闭环。IPD 流程的成熟度曾经一度在 3.2 分徘徊，与 3.5 分的目标有一定的距离，原因在于 IPD 流程未能与其他流程打通。华为的经验教训是，需要站在全局的高度来看待整个管理系统，系统地建设一个有机连接的管理体系，"端到端"地打通流程，避免孤立改善带来的壁垒。

参考标杆公司的实践，目视化的结构和框架是展示系统整合特征的一个有效方法。

维持潜在模式

L 代表维持潜在模式（Latency Pattern Maintenance）。企业应能够维持价值观的基本模式并使之在系统内保持制度化，以及处理关系紧张问题。在整合各个工作方法并构建卓越运营管理系统后，系统是否能持续稳定地运行，关键是将冰山模型之中水面下的价值观和文化理念有效地嵌入或关联到系统中。这样的设计理念也能很好地匹配卓越运营管理系统的定义与内涵。

AGIL 的案例：丰田 TPS

适应

第二次世界大战后，丰田决定生产轿车和民用货车。当时的丰田汽车工业公司社长丰田喜一郎为了建立起日本的汽车工业，提出了三年赶上美国的期望，但公司却面临以下五大问题和挑战：

第一，国内市场有限，并需要不同种类的汽车。

第二，新劳动法提高了工人们的地位，在谈判雇用待遇方面工人们更易争取有利条件。

第三，没有劳动力成本低廉的外籍员工。

第四，经历战争摧残的日本经济缺乏资金，尤其是外汇，不太可能从西方引进最新的生产技术。

第五，诸多大型汽车制造商急于在日本建立自己的生产运营体系，以防止日本汽车进入到它们已占有的市场。

当时的丰田首席生产工程师大野耐一很快认识到福特的生产设备和方式并不适用于这一环境，而另外的手工生产方式也并不适合为大众市场提供大量产品。大野耐一认为需要新方式。当大野耐一获知日本的平均生产力是美国的 1/8 之后，推断日本的汽车工业与美国最发达的汽车工业相比，在某些方面存在巨大的浪费。他认为只要杜绝浪费，生产效率就有可能提高 10 倍。大野耐一明确提出：这种想法正是现在丰田生产系统的出发点。

丰田的卓越运营管理体系在诞生之初就是为了适应市场、竞争、劳动法、劳动力、资金等各个方面的环境因素，适时地采取了消除浪费、提升10倍效率的战略，摒弃了当时流行的大批量的生产方式，着手开发和设计了契合丰田所面临的环境的、以消除浪费为理念的管理体系 TPS。

目标

图 4-2 所示的架构屋可以描述丰田生产系统的目的与目标。丰田生产系统的目的和目标在图的上方，即实现质量最优、成本最低、时间最短、安全性最高、员工士气最高的目标。

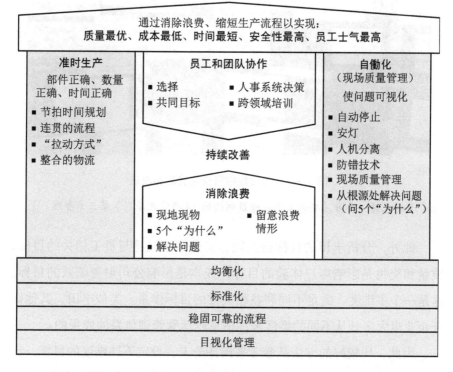

图 4-2　丰田 TPS 架构屋

资料来源：参考《丰田模式：精益制造的 14 项管理原则》第三章整理。

以上是丰田卓越运营管理体系 TPS 的价值主张。而在日常工作的过程中，丰田用这些目标来衡量 TPS 创造的价值和成果。在丰田的工厂，SMQDC，即安全（safety）、士气（morale）、质量（quality）、交付（delivery）、成本（cost），这些目标的目视化管理和改进如图 4-3 一样随处可见。

图 4-3　五大目标的目视化管理和改进

资料来源：参考《丰田文化：精益制造的 14 项管理原则》第三章整理。

此外，分析丰田的目标会发现，安全和士气是与员工相关的目标，质量和交付是影响客户体验的目标，成本是影响公司财务绩效的目标。这是一个多维度、满足不同利益相关方的目标体系。类似丰田，其他标杆企业也大多是从不同的维度来评估卓越运营管理体系的成果的。

因此，比较好的方法是参考平衡计分卡，设定不同维度的目标，比如财务、客户、内部流程、学习和成长等，以平衡和兼顾不同利益相关方的诉求。

整合

图 4-2 形象地展示了丰田卓越运营管理体系 TPS 的各个工作方法（或工具）之间整合的理念，它整体看起来像一个屋子，设想如果一间房子的屋顶、梁柱与地基不稳固，这间房子也不会坚固，只要其中任何一个环节出现问题，整个结构就会变得非常脆弱。

屋顶展示了系统需要达成的目标，即质量最优、成本最低、时间最短、安全性最高、员工士气最高。系统目标的实现需要两个支柱的支撑。左侧的是准时生产，根据客户需求的节拍，尽可能以单件流的方式满足客户的需求。这有助于实现时间最短的目标。同时，单件流或小批量的方式降低了流程中库存，因此也降低了成本。单件流或小批量的方式相较于大批量而言，更容易快速发现质量问题并及时进行调整，这进一步减少了质量问题。右侧的是自働化，意味着质量瑕疵等问题必须立即显现，生产流程一出现问题便自动停止，也意指员工必须立即解决问题，恢复生产线的运转。因为自动化采取了防错技术，以及出现问题需要立即解决的理念，这进一步降低了质量问题，同时也降低了因为质量问题而产生的成本。

这两个支柱建立在地基之上。地基由几项要素构成，其中包括均衡化（意指平衡生产流程中的数量与种类）、标准化、稳固可靠的流程、目视化管理等工作方法。

如果更进一步研究各个工作方法，会发现它们之间也是相互影响和相互关联，具备整合效应的。以一个工作方法为例，如图 4-4 所示，缩减作业转换时间是小批量生产的基础，小批量生产是缩短生产过程时间的基础，缩短生产过程时间是均衡生产的基础，均衡生产是看板方式的前提，而看板方式在某些场景下支撑了准时生产的实现。

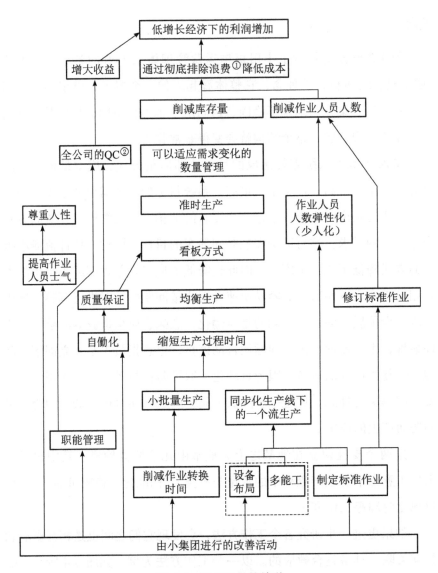

图 4-4 TPS 工具的关联

① 排除浪费，在本书中多称为消除浪费。
② QC，即质量控制小组。

资料来源：门田安弘.新丰田生产方式 [M].王瑞珠，李莹河，译.保定：河北大学出版社，2012.

如今丰田的卓越运营管理体系 TPS 的整合特征是比较清晰、明确的。但不可否认的是，丰田设计这套体系的过程，并不是一帆风顺和一蹴而就的。丰田 1948 年针对冲床削减转换时间，1948 年尝试看板，1953 年实施均衡生产和超市。各个工作方法之间的逻辑关系和整合并不是一开始就规划得那么清晰，而是在不断地试错和迭代中沉淀下来的。尽管如此，系统的设计，还是应该尽量从整体考虑工作方法（或工具）之间的相互关联和影响，并在边设计、边实施的过程中逐步迭代完善。

基于以上分析，丰田生产系统以架构屋这种结构很好地展现了系统各个工作方法（或工具）之间相互关联相互影响的整合特点。并且，架构屋的这种方式能形象地展示它们之间的逻辑关系，值得企业借鉴。

维持潜在模式

研究丰田的精益专家杰弗瑞·莱克指出，丰田之所以能持续成功施行这些工具，主要归功于公司的经营理念。根据丰田 TPS 的冰山模型，水面下的价值观和文化理念是确保 TPS 有效实施和维持的关键。丰田采用图 4-2 所示的架构屋，形象地将丰田的经营理念嵌入到 TPS 系统的最底层。此外，结合冰山模型中提到的丰田之道和 4P 模式，有效地促进了 TPS 系统的运行和维持。

TPS 和 AGIL 的总结

应用 AGIL 模型总结丰田的 TPS 系统，如图 4-5 所示。TPS 这一卓越运营管理体系在诞生之初就是为了适应市场、竞争、劳动法、劳动力、资金等各个方面的环境因素，适时地采取了消除浪费、提升 10 倍效率的战略。在契合环境和战略的基础之上，TPS 系统明确了所服务的质量最优、成本最低、时间最短、安全性最高、员工士气最高等目标。

为了有效改善这些目标，TPS系统整合了多种工作方法、使之相互关联相互影响，并结构化成为架构屋。通过将文化理念和价值观嵌入到架构屋、4P模式和丰田之道，并不断地沟通宣传使TPS持续维持并制度化。

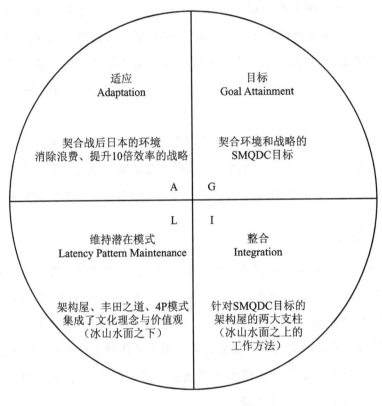

图 4-5　TPS AGIL 模型

AGIL 的案例：丹纳赫 DBS

适应

从1987年左右发展至今，丹纳赫的DBS始终都在持续不断地演化。这些演化是为了适应环境并基于战略的需求。

DBS 的起源是因为丹纳赫下属子公司的一款产品因交付和成本的原因影响了客户体验，加上专利保护到期，客户准备替换供应商。这一竞争环境的变化，推动了那时的丹纳赫走上了 DBS 的发展道路。案例方面，前文中展示的 DBS 工具中有一个"DBS 法规批准"，这个 DBS 工具也是为了适应当初监管环境和战略的需要而开发的。

随着产品组合的进化，DBS 也在进化（As portfolio evolved, so has DBS），丹纳赫在 2021 年的公司简介中对 DBS 的总结，是对 DBS 适应环境和战略的精准表达。

目标

在适应环境并契合战略需要的基础上，DBS 系统需要明确所服务的目标。1987 年左右，当丹纳赫在下属公司 Jake Brake 推行 DBS 时，最初的目标是改善工厂的生产力和效率。随着公司的发展和变化，DBS 所服务的目标也随之改变，2006 年总计有 150 个 KPI 指标，已退休的高管 Chris McMahon 形容这令人抓狂，最终公司决定精简到 8 个最重要的目标，即所谓的 CVD 目标。

如图 4-6 所示，8 个 CVD 目标分属于 3 个维度。股东维度有 4 个目标：核心收入增长，经营利润率提升，现金流，投入资本回报。客户维度有 2 个目标：外部客户质量不良率，准时交付率。员工维度有 2 个目标：内部招募比率、员工流动率。这些目标是其内部衡量成功的标准，也是经营分析会议所讨论的重点目标。在图 2-5 所示的案例中，颇尔在被收购之初，面向客户的准时交付率偏低，是战略关注重点。收购后的重要举措之一就是投入资源，采用 DBS 相关的工具实施改善项目，最终提升了 20% 的准时交付率。

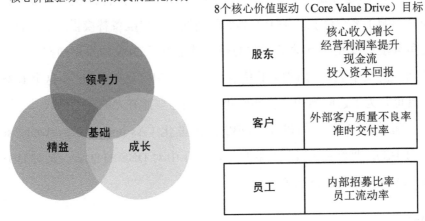

图 4-6 丹纳赫 CVD 目标

资料来源：参考 danaher investor and analyst meeting 2018 资料整理。

总结而言，DBS 系统的目标，类似平衡计分卡的模式，包含了面向股东、客户和员工三个维度的 8 个 CVD 目标，同时也是战略目标，并和人才培养相关。

整合

确定了 DBS 系统所服务的了 8 个 CVD 目标之后，接下来就是整合各个工具使之相互关联和相互影响，以便能够更好地改善这些目标。

《哈佛商业评论》的研究指出，丹纳赫认为他们真正的价值在于，运用 DBS 所积累的经验能让他们的领导者理解 DBS 系统的软性要素和硬性要素之间的相互关联。这个经验，时间难买，没有人拥有对这个系统 20 年⊖的经验。这一方面再次验证了 DBS 系统工具之间的相互关联和相互影响。另一方面，也表明卓越运营管理系统的建设要避免急功近

⊖ 现在是 35 年。

利和全面开花的心态。

从图 4-7 可以看出，DBS 工具共分基础、成长、精益和领导力四个不同的模块。每个子模块又进一步细分成为如表 4-1 所示具体的工具。（为了展示逻辑，本书节选了部分工具，丹纳赫的 DBS 工具随着投资组合的不同，工具也在不断地发展和演化。）

图 4-7　DBS 工具框架

资料来源：参考 danaher investor and analyst meeting 2013 整理。

1. 基础工具

顾名思义，这是 DBS 工具里面最基础的部分。它定位于整个组织，是任何职能部门、任何层级都适用的工具。部分基础工具也会整合到其他的 DBS 工具中。基础工具主要来源于一些经典的精益工具，例如 5S、标准工作、目视化日常管理、价值流等都是实施精益的企业里常见的工具。这 8 个经过精挑细选出来的工具被认为适用于各个职能部门、各个层级。如表 4-2 所示，这些基础工具在各个职能部门的应用体现了它的普适性。因此，它们往往是被优先学习和优先推广的工具。

表 4-1 DBS 工具列表

成长 Growth		精益 Lean			领导力 Leadership		
创新	营销和销售	质量 Reliability	运营 Operation	事务性 Transactional	业务流程 Business Process	领导力开发 Leadership Development	员工开发 Associate Development
战略产品包构思	变革性营销	客户服务与支持	精益转型	采购研讨会 & 成本管理	战略规划流程	ECO 高管冠军培训	招聘与筛选
问题到产品组合	线索孵化与处理	客户缺陷追踪与解决方案	丹纳赫物料系统	VAVE	方针部署	丹纳赫领导力项目	培训
产品规划 PPG	漏斗管理	设计可靠性	变异降低改善	PSI 产销存管理	尽职调查和收购整合	领导力精要	创建有效的员工培养计划
加速产品开发		供应商质量管理	生产准备流程	DBS 法规批准	业务风险评估	人才评估与组织评估	职能能力
卓越产品发布（LEx）		质量体系基础	能源节省改善			推动丹纳赫文化	职能开发项目
							员工调研与行动计划策划

基础工具 Fundamentals							
客户之声	价值流	标准工作	事务性流程改善	改善基础	5S	问题解决的流程	目视化日常管理

资料来源：参考丹纳赫公开资料整理。

表 4-2 基础工具的应用案例

基础工具	职能部门			
	运营	研发	市场和销售	行政管理
客户之声（VOC）	交付要求	产品设计和规范	产品定位	员工保留
价值流（VSM）	制造单元一件流	设计流程	线索处理	应收账款
标准工作（SW）	员工指导书	工程图纸	漏斗管理	人才盘点
事务性流程改善（TPI）	供应商批准	零件评估认证	内容批准	订单输入

（续）

基础工具	职能部门			
	运营	研发	市场和销售	行政管理
改善基础	精益转型	打样时间	空缺市场渗透	办公空缺座位改善
5S	工具存储	设计资料存储	终端用户数据质量	员工记录
问题解决的流程（PSP）	质量差距分析	上市时间差距分析	销售收入差距分析	岗位填补差距分析
目视化日常管理（VDM）	制造单元的产出	软件代码	网站绩效	客户服务电话处理

资料来源：参考 danaher investor and analyst meeting 2013 整理。

8 个基础工具里面，VOC 和 VSM 侧重于诊断分析。改善基础、TPI、PSP 侧重于改善诊断分析出来的问题。5S、SW、VDM 侧重于就改善后的状态进行维持。这些工具大部分的企业都能够直接借鉴使用。从财务的视角来看，基础工具主要影响销货成本、毛利润、销售行政和管理费用、经营利润等，也影响丹纳赫 8 个 CVD 目标中的现金流、投入资本回报、外部客户质量不良率、准时交付率等。下面的案例很好地展示了这些关键点。

某子公司产品于 2010 年上市，产生了高昂的保修成本，原因是低估了新的传感器技术的复杂性，导致制造产出率比较低。公司通过运用战略部署，将产品的可靠性列为最高优先级的改善项目，协调研发、采购、运营和质量部门采用目视化日常管理，标准工作等 DBS 基础工具改善零部件的制造，最终实现了产品寿命提升 8 倍，失效率降低 75%，制造成本降低 70%，产出率提升 3 倍的目标。在 3 年里面，整体的质量改善产生了 2500 万美元的成本节约并降低了 75% 的维修次数。

基础工具的另外一大特点就是可以和其他的 DBS 工具结合产生更大的效果。以目视化日常管理为例，丹纳赫一家子公司将目视化日常管理运用到 DBS 创新工具 SDR 中，以达到快速识别障碍并采取对策的目的，最终实现了 70% 的交付时间改善。

2. 成长

定位于业务的有机增长，聚焦于创新、营销和销售流程，以加速业务增长、获取市场份额。成长模块包含创新、营销和销售 2 个子模块。从财务的视角而言，它主要影响销售收入、销售费用、经营利润，对应 8 个 CVD 目标中的核心收入增长和经营利润率提升。

如图 4-8 所示，创新模块侧重通过更深入的客户洞察激发更好的主意和想法，改善来自研发投资活动的回报。本质是从一个创意走向产品（idea to market），是由一组始于洞察市场到占有市场的环环相扣的工具组成。包含找出有吸引力的创新领域，为有吸引力的细分市场确定一个成功的路线图，在多个开发项目中协调资源并执行，推动跨部门的产品开发，发布产品并满足需求。

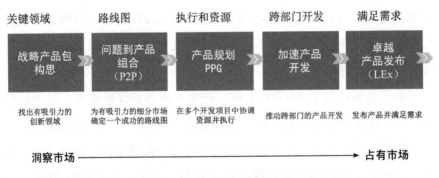

图 4-8　创新流程

资料来源：参考 danaher investor and analyst meeting 2018 整理。

典型的案例是，某子公司通过将产品、跨功能团队、项目目标等整合在一个目视化的作战室（obeya room，丰田普锐斯车型总工程师总结出来的精华，又称大部屋）里面，通过大量的客户调研，快速试制并评估样品,将产品开发的速度提升了 25%,降低了 40% 的生产成本和 85% 的产品缺陷。

营销和销售模块侧重改善商务执行以提升和加速业务增长。市场子模块的本质是 market to leads——针对目标市场的营销活动产生足够多的高质量的线索,其典型的工具包含变革性营销、数字化营销等。销售子模块的本质是 leads to order——将线索高效快速地转化成订单,其典型的工具包含漏斗管理。如图 4-9 所示,包含洞察市场、了解市场规模、针对目标市场采取针对性的市场活动产生获取线索,对线索进行孵化和处理,对于销售认可的线索,采取漏斗管理销售流程,不断改善线索数量,销售周期和赢单率。

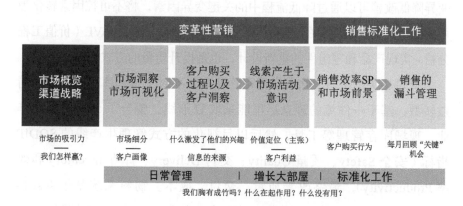

图 4-9 营销和销售流程

资料来源:参考 danaher investor and analyst meeting 2018 整理。

例如,某子公司针对细分的目标市场展开推广活动,实现了客户邮件联系人 300% 的增长,开拓了市场。通过有效管理线上线索、电话线索和服务线索,目标市场的产品采用率达到 86%,超过了 75% 的目标。

3. 精益

精益模块的工具侧重于运营,虽然它分为质量、运营和事务性三个子模块，但它的定位是 OTD（Order To Delivery）——接到订单以后以好的质量、准时的交付，富有竞争力的成本将产品提供给客户。从财务的视角而言，精益工具关联的核心财务目标包含销货成本、毛利润、经营利润率、现金流等，也影响丹纳赫 8 个 CVD 目标中的现金流、ROIC、外部客户质量不良率、准时交付率等。

质量相关的工具分为两个部分：第一部分是改善各个领域质量的系统化的工具。例如，客户缺陷追踪与解决方案用来统计分析客户的投诉数据以改善客户体验。设计可靠性用来从产品设计源头改善潜在的质量问题。供应商质量管理用来改善供应商相关的质量问题。质量体系基础用来控制和改善制造与装配线相关的质量。第二部分是更具体的工具，例如，变异降低改善可以通过降低流程中的关键变异因素，将不可控因素转化为可控的，从而获得更好的流程产出，提升质量等。通过 VAVE（价值工程分析）实现产品和零组件的重新设计，也是提升质量的方式之一。

交付相关的工具：PSI 产销存管理改善准时交付和库存的问题。精益转型，基于一件流的理念尽可能采取 U 形线，整合了 5S、标准化作业、现场库存管理等工具，然后以目视化的方式管理生产线的 SQDIP 指标（安全 Safety、质量 Quality、交付 Delivery、库存 Inventory 和效率 Productivity），最终改善质量、交付、成本。物料系统基于 Just In Time 的理念，采用看板或其他拉动方式实现准时交付和库存控制。

成本相关的工具：采购研讨会是一个结构化的方法，用来系统性梳理供应商提供产品的成本驱动因素（cost driver），梳理出降价、返点、低成本地区采购、账期优化、价值工程分析（VAVE）、供应商库存管理（VMI）、供应商改善等措施以实现总拥有成本（TCO）的改善。

4. 领导力

领导力工具定位于文化、战略、战略执行、资源分配、人才培养。主要为以上面向客户的价值创造流程提供管理支持工具。正如

2018年其CEO在公开场合中介绍，领导力是一个为了培养人才而不断发展与演化的战略方法。领导力模块关联的核心目标包含员工流动率（retention），管理岗位内部填充料（internal fill rate）和引领性指标员工敬业度（associate engagement score）。

战略规划流程用来规划战略，方针部署从狭义的层面将战略转化为执行以实现3～5年的战略目标，人才评估与组织评估等用来评估、规划和培养组织需要的资源。创建有效的员工培养计划、丹纳赫领导力项目、领导力精要等则侧重于人才培养。

典型的案例是，某子公司刚被收购时，人才漏斗里仅有25%的新人才。改善后，61%的岗位实现了内部提拔，人才漏斗里面有超过90%的新人才。2019年，其企业年报中提出，过去5年里员工的敬业度分数提升了20%。

综合并总结以上的分析，DBS各个工具模块的定位如下：基础工具，定位于整个组织，是任何职能部门、任何层级都适用的工具。成长工具定位于业务增长，涵盖了创新（ITM）、营销（MTL）和销售（LTO）。精益工具定位订单到交付（OTD）的价值创造主流程，聚焦改善质量、运营和事务性工作。领导力工具聚焦文化、战略规划、战略部署、资源分配和人才培养。这4大模块的工具，能够有针对性地改善8大CVD目标。

5. DBS工具的发展与演变

DBS工具如此之多，但它们不是急功近利、全面开花的结果，而是30多年不断发展与进化的成果。如图4-10所示，丹纳赫在2021版本的公司介绍提出，"随着产品组合的进化，DBS也在进化，从单纯的精益管理变成了现在的平衡的方法（As portfolio evolved, so has DBS-from Lean to a balanced approach）"。这句话道出了三点工具发展与演变的本质。

图 4-10　DBS 发展历程

资料来源：参考 danaher 2021 overview 资料整理。

首先，DBS 工具会不断进化。DBS 最初起源于最基础的精益工具。1988 年，丹纳赫邀请具备丰田生产系统 TPS 经验背景的新技术咨询公司的老师到当时丹纳赫的下属子公司皆可博（Jacobs）进行精益方面的改善，取得了很好的成果。这家子公司参考丰田生产系统，逐步建立了 JPS（Jacobs Production System，皆可博生产系统）。这一系统随后被推广到丹纳赫旗下其他的企业，演变成了 DPS（Danaher Production System，丹纳赫生产系统）。最初的精益工具聚焦于生产领域以改善质量、交付和成本。1991 年左右，引入战略部署，事务性流程改善等工具，逐步拓展到非制造领域，DPS 也更名为 DBS。2001 年，引入价值销售等成长工具模块以更好地推动业务增长。2009 年，引入领导力工具，以更好地改善员工敬业度、流动率以及培养出契合全球高科技公司的定位的人才。DBS 从工厂的精益，到业务增长，到领导力这一路的演变逻辑和华为的卓越运营管理体系非常相似，都是从价值创造主流程开始，逐步扩展到使能类和管理类领域。

其次，DBS 紧紧跟随着产品组合的变化而变化。而产品组合的变化涉及的是服务的客户以及提供给客户产品的变化。简单而言，它跟随战略变化，意味着战略改变，DBS 大体上也会有变化。典型的例子是 2011 年，丹纳赫收购了贝克曼，贝克曼的业务属于医疗板块，需要美国食品药品监督管理局监管。根据公开披露的信息，贝克曼被收购前收到了 3 封美国食品药品监督管理局的警告信，这些信成为影响股价波动的高风险因素。同时丹纳赫医疗相关的业务占比逐渐上升，2012 年医疗板块的业务占销售额比重达到 46%，因此，最终丹纳赫开发出了"DBS 法规批准"相关的工具，以更好地应对这方面的风险和挑战。

最后，DBS 是一个平衡的方法，不仅仅只是工厂的精益管理，还涵盖了企业经营的各个方面。正如它的名字一样，它是用来指导公司和员工如何做他们应该做的事情的工作方法。

维持潜在模式

在确定了 DBS 的整个架构并整合各个工具确保其相互关联相互影响之后，接下来的重点是如何维持 DBS 系统的有效运转。2019 年，其 CEO 托马斯·乔伊斯对外介绍了 DBS，介绍这个行为本身很好地体现了 DBS 能有效运转和维持的两个关键。

第一个关键，DBS 的体系中嵌入了文化理念和价值观。如图 4-11 所示，这里面整合了 DBS Logo、价值观、文化理念、工具等。左侧的是 DBS 的 Logo，里面涵盖了五大核心价值观，特别是第三条，"改善是我们的生存之道（kaizen is our way of life）"是支撑 DBS 运转和维持的核心关键之一。右侧的是 DBS 的工具结构，包含精益、成长、领导力等模块。最底下是有关于 DBS 的文化理念，包含冰山模型中提到的：DBS 是我们的竞争优势。DBS 意味着"我们是谁"，"我们如何做我们应该做的事"。这种在 DBS Logo 和工具结构中整合文化理念和价值观的做法是促进 DBS 系统运转和维持的关键之一。

DBS（丹纳赫商业系统）

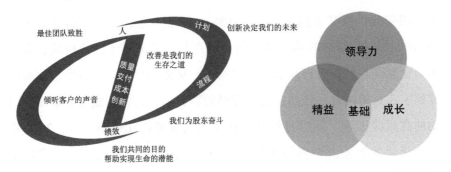

DBS是我们的竞争优势
DBS意味着"我们是谁"，"我们如何做我们应该做的事"。

图 4-11　DBS Logo

资料来源：参考 J.P.MORGAN HEALTHCARE CONFERENCE-2019 整理。

第二个关键，丹纳赫的高管们经常在不同场合宣传支撑 DBS 系统运转和维持的文化理念和价值观。比如上文中提到的，2019 年丹纳赫的 CEO 托马斯·乔伊斯对外介绍 DBS 资料。

不仅如此，他们甚至会和你谈到 1987 年左右发生在当时丹纳赫的下属公司皆可博的改善故事。正如丹纳赫前执行副总裁、福迪威现任 CEO 吉姆·利科（Jim Lico）所言：这个故事从一代领导者传递到下一代领导者，帮助我们了解我们是谁。这种深层假设在丹纳赫解决诸如 2008 年金融危机等外部环境和内部整合的过程中持续不断地取得了很好的成果。以皆可博的改善故事为支撑的深层假设强化了这种认知：这就是丹纳赫的文化，是丹纳赫的做事方式。

丹纳赫正是从文化理念和价值观的视角不断建设与夯实 DBS，并使之在系统内保持制度化的。⊖

⊖ 关于如何落地这些文化理念和价值观，将在后文中探讨。

DBS 和 AGIL 的总结

基于以上分析，应用 AGIL 模型总结丹纳赫的 DBS 系统如图 4-12 所示。DBS 系统始于适应环境和战略，即所谓的"随着产品组合的进化，DBS 也在持续进化"。在契合环境与战略的基础之上，DBS 系统明确了所服务的 8 个 CVD 目标。这是衡量 DBS 系统好与坏、优与劣的标准。为了更好更有针对性地改善以上 8 个 CVD 目标，DBS 系统整合了适合多种职能的工作方法，并以相互关联相互影响的方式，结构化成为基础工具、精益、成长和领导力等 4 个模块。各个模块有着清晰的定位以及所侧重服务的 CVD 目标，并且根据战略和目标达成情况，持续发展和演化。最后，通过将文化理念和价值观嵌入到 DBS 系统并不断地沟通宣传使之持续维持并制度化。

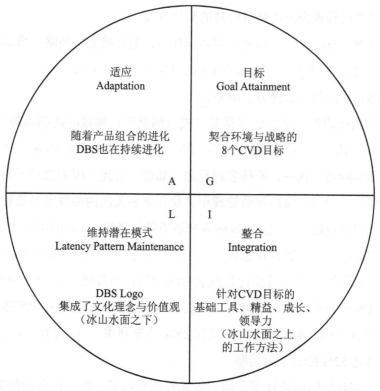

图 4-12　丹纳赫 DBS AGIL 模型

AGIL 的实践：如意智能科技 JBS

在了解卓越运营管理体系设计背后的基本原理，并参考了标杆公司卓越运营管理体系的最佳实践之后，如意智能科技决定采用 AGIL 的框架来规划和设计其卓越运营管理体系 JBS。

适应

正如前文所述，如意智能科技面临着劳动力成本上升、人民币升值、企业数字化转型这些大势所趋的外部压力。同时，它的多元化战略目前收效甚微，整合伺服驱动业务不顺利，严重影响了公司的现金流。公司面临着员工不满意、客户不满意、股东不满意的窘境。战略执行与人才培养已经成为公司经营管理的头号挑战。

因此，JBS 的设计首先需要适应环境，契合适宜的战略。借鉴标杆公司的理念和实践，经过管理团队的讨论与分析，如意智能科技决定重新思考公司的愿景、使命、战略。

如意智能科技最初的愿景是"成为伺服驱动领域的高端品牌"，它更像一个挂在公司网站和墙上的口号，缺乏配套的落地措施。这导致两方面的问题。其一，不够客户导向。如前文所述，因为忽视了外部客户体验，在公司日常的运营管理中，往往更多关注内部效率和流程合规性，所以造成的结果就是 3% 的客户端质量缺陷率，87% 的准时交付率。不仅客户不满意，数据还远远落后于竞争对手。其二，早期的高速（野蛮式）发展掩盖了公司经营管理能力的问题。当发展到如今的规模后，经营管理的短板已经无法通过投入更多的人力来弥补。这一定程度上造成了只有 5% 的业务增长率、仅仅 28% 的毛利率、-8% 的经营利润率以及高达 52% 的员工流动率。

在咨询顾问的协助下，如意智能科技学习了一些标杆公司的案例，决定从以下两个方面进行调整。

1. 以客户为中心

亚马逊以仰望星空的方式设定了"成为地球上最以客户为中心的企业"的愿景，同时脚踏实地以客户体验的问题为突破口，反向驱动企业内部经营管理的改善。以页面下载速度为例，不少公司只要求下载速度别太慢，别让客户缺失耐心退出页面即可，客户通常对此不会特别在意。但亚马逊不仅为此设定了专门的考量指标，还进行了深入研究。他们发现，页面下载速度每慢 0.1～1 秒，客户活跃度就会下降 1%。对于年交易额高达几千亿甚至几万亿美元的电商平台来讲，1% 活跃度的下降，意味着大规模的损失。正是这些时时刻刻以客户为中心的理念让亚马逊实现了 19 年销售额增长 1600 倍的奇迹。这个案例给如意智能科技管理层最大的震撼是思维的转变：改善客户体验能够促进销售收入的增长。

2. 卓越运营

1973 年，北美三大汽车厂商因石油危机陷入困境，丰田凭借其卓越运营管理体系、TPS 顺利渡过危机。也因为卓越运营，丰田在 2008 年以年销售 897 万辆车的佳绩超越通用汽车，首次坐上"销售汽车数量世界第一"的宝座。在 2008 年的全球《财富》500 强榜单中，丰田以第 5 名的成绩超越了通用汽车和福特汽车，并实现了 6.53% 的净利润率，远远优于通用汽车的 -21% 以及福特的 -1.6%。丹纳赫运用 DBS 高效地将战略转化成为执行并通过有效整合收购的业务，实现了 35 年股东回报 1000 倍的增长。并且，它通过运用 DBS 培养了一批有助于执行战略的人才，也获得了中国杰出雇主等认证。借鉴这两家标杆公司的实践案例，如意智能科技的管理层得出如下结论：卓越运营能够造就满意的股东、满意的客户、满意的员工。

综合以上分析，如意智能科技决定修改公司的愿景为"成为最以客户为中心的卓越运营企业"。使命仍然保持不变，即"以数智化的解决方案驱动工业文明"。此外，考虑到宏观环境和数字化的发展趋势，如意智能科技明确公司的战略为"多元化、差异化、数字化"。参考标杆公司的实践，如意智能科技相信卓越运营管理体系JBS有助于愿景、使命和战略的实现。

因此，契合愿景、使命和战略将成为卓越运营管理体系JBS设计的最高原则。为了更直观地体现这一原则，如意智能科技更新了如图4-13所示的战略地图⊖。

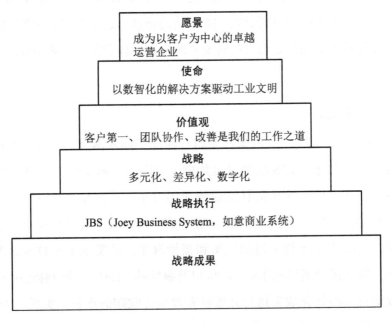

图4-13 如意智能科技战略地图

⊖ 图中的空白之处将依据JBS系统设计的逻辑顺序在后续章节陆续呈现。

目标

借鉴丰田和丹纳赫的最佳实践,在为系统确定所要达成的目标时,一个有效的方法是参考平衡计分卡,设定不同维度的目标,比如财务、客户、内部流程、学习和成长等以平衡和兼顾不同利益相关方的诉求。因此,如意智能科技管理层讨论后决定,卓越运营管理体系 JBS 将服务员工、客户、股东三层次的目标。其底层逻辑是基于知名调研分析和管理咨询公司盖洛普的研究成果——盖洛普路径。

如图 4-14 所示,盖洛普路径的逻辑是:识别员工的优势;然后给予员工机会每天做其擅长的事情。优秀的经理选择有才能的员工,与之一起设定高期望并给予激励。这会培养出敬业的员工。敬业的员工提升了客户的满意度,从而培养了忠诚的客户。忠诚的客户带来重复的销售和口碑效应,帮助公司实现可持续的业绩增长。持续的业绩增长带来规模效应,提升了利润。业绩和利润的提升助推股价上升。宏观层面,根据盖洛普超过 50 年的研究,不论行业、公司规模、国籍、经济环境如何,敬业的员工都比其他的员工能产出更好的业绩。针对 96 个国家、54 个行业、276 个组织、超过 11 万个团队的 270 万名员工的调研数据显示,敬业度排名靠前的员工相较于敬业度排名靠后的员工在以下的 7 个方面有更优异的表现:缺勤率下降 81%,安全事故下降 64%,员工流动率下降 18%～43%,质量问题下降 41%,客户忠诚度提升 10%,效率或销售提升 18%,获利能力提升 23%。

波特曼·丽嘉酒店是应用盖洛普路径的典型案例。这家酒店吸引目标人才的关键是提出并落实"帮助绅士淑女成功"的独特价值主张。这为酒店创造了竞争优势。员工满意度达到 98%,酒店 70%～80% 的主管从内部提拔,酒店的宾客满意度保持在 92%～95%,年财务增长率在 15%～18%。多次荣获翰威特咨询公司（Hewitt Associates）的"亚洲最佳雇主"、彭博电视台（Bloomberg TV）的"亚洲最佳商务酒店"、《亚洲商业》杂志的"中国最佳商务酒店"等奖项。

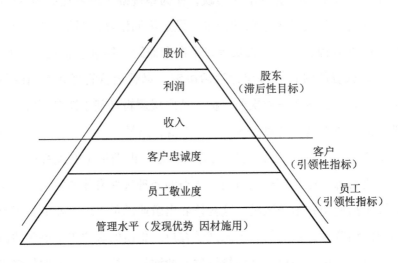

图 4-14　盖洛普路径

资料来源：参考盖洛普资料整理。

虽然有宏观的数据和微观的案例作为支撑，但也有一部分如意智能科技的员工认为盖洛普路径或多或少有些理想主义的色彩，在员工流动率高达 52% 的情形下将员工相关的目标提升到公司级的目标是否值得？如意智能科技经过多轮的讨论后认为，高达 52% 的员工流动率说明这的确是一个严重的问题，同时考虑到制造业对于年轻人的吸引力越来越低，招募并保留适合的员工并不容易。因此，公司更应该重点关注员工的满意度、发展与成长。基于以上综合考虑，如意智能科技决定设定以下三个维度的目标构成自身的北极星目标，并结合公司的实际情况将这些目标细化，如图 4-15 所示。

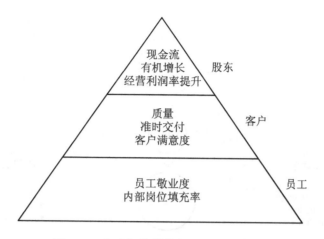

图 4-15　如意智能科技的 8 大北极星目标

以上 8 大北极星目标，将用来评价公司经营管理的绩效。这 8 大目标也是评价如意智能科技 JBS 的目标。不过，滞后和引领是相对的，对于 JBS 而言，这 8 大北极星目标也是滞后性的目标。如意智能科技在讨论 JBS 的过程中，对于如何评价 JBS 的成果有两方面的疑惑：其一，实施 JBS 过程需要一些时间，如何评估 JBS 是在正确的轨道上，成为待解决的问题。其二，如何判断这 8 大北极星目标的改善成果哪些是由卓越运营贡献的。针对以上的疑惑，借鉴华为和公牛等企业的实践，公司决定针对性地为 JBS 设定两个引领性的目标。其一，借鉴卓越绩效评价准则的方法建立 JBS 成熟度评估模型。其二，价值交付时间（time to value，有些地方称之为流程的作业时间，process lead time）。具体说明如下。

1. JBS 成熟度评估模型

JBS 成熟度评估模型借鉴了丰田 4P 模型与其他标杆公司的最佳实践，并根据如意智能科技的实际情况做了针对性的调整。评估模型的底层假设是成熟度分数越高，就越有可能性实现公司的 8 大北极星目标。此模型可以总结归纳为四个维度，即如图 4-16 所示的 4P 成熟度模型。

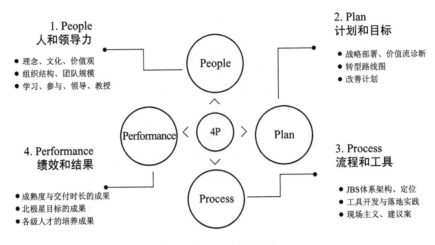

图 4-16 4P 成熟度模型

如意智能科技决定运用此成熟度评估标准，采用 AB 测试的方式来评估 JBS 方面的进展，并根据评估结果采取相应的对策。所谓 AB 测试，是指选取一家业界对标公司作为 A，与如意智能科技 B 作为评估比对。如意智能科技采取此评估标准评估得出对标公司分数为 80%，自身分数为 21%。这样测试的好处有两点：一是针对性比较明显；二是因为采取与 A 做比对的方式，评估标准更清晰，评估会更客观。评估后明确了每一项与对标公司的差距，也看到了对标公司是如何做的，这样更有利于如意智能科技有的放矢地采取相应对策。

2. 价值交付时间

价值交付时间可以理解为价值在价值流中流转的时间。"天下武功，唯快不破。"设定这个目标的底层逻辑是参考前文中的基于时间竞争的理论和以下标杆企业的最佳实践。

微软董事长兼 CEO 萨提亚·纳德拉（Satya Nadella）在 2021 年 10 月 12 日致股东、客户、员工和合作伙伴的信中指出，微软云帮助财务服务、医疗、制造、非营利组织和零售等行业改善了价值交付时间，提升了敏捷度并降低了成本。价值交付时间可以说是对 VUCA 时代商业的本质如同洞若观火般的表达，直击要点。

基于这些专家的观点和标杆公司的最佳实践，如意智能科技的管理团队充分认识到时间对于竞争优势的重要性和价值。鉴于如意智能科技产品和服务的交付时间超过 111 天，如意智能科技决定设定价值交付时间作为衡量 JBS 成果的过程性目标，以实现 3×2 和 1/4-2-20 定律。

总结目标环节的内容，如意智能科技设定了如图 4-17 所示的两大类目标评估 JBS 系统。一类是结果和滞后性目标，即包含员工、客户和股东三个维度的 8 大北极星目标。它是公司级的目标，通过持续改善这些目标，期待实现员工敬业且训练有素（员工敬业度、内部岗位填充率）、客户愉快且忠诚（质量、准时交付、客户满意度）、股东满意（有机增长、经营利润率提升、现金流）。另外一类是过程和引领性目标，包含 JBS 成熟度和价值交付时间。

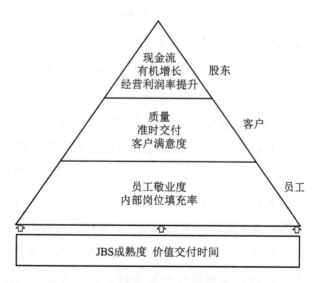

图 4-17　北极星目标与 JBS 引领性目标

整合

参考前文所述关于整合的结论：使系统要素相互关联相互影响的一个简单有效的方式就是设计出一个简单的架构，通过模块化和结构化的方式直观地整合各个要素。这些整合的要素所组成的系统，要契合两大原则：一是匹配JBS的冰山模型，它是JBS系统的内涵，像大纲一样为JBS系统概括了所需要具备的元素。二是满足JBS系统所服务的目标，即上文的8大北极星目标。这8大北极星目标本身也是对战略执行和人才培养两大目的的体现。

以上述两个原则为基础，如意智能科技决定重点从"整体架构"和"JBS工具的设计"两个方面设计JBS系统的架构，系统性地整合各个要素，以达到更好服务8大北极星目标的目的。

1. 整体架构

前文中的冰山模型提炼了JBS的三层内涵，即由工具和流程组成的工作方法、价值观、文化理念。以此冰山模型为基础，参考标杆公司卓越运营管理体系的架构以及这些架构所展现出来的整合的特点，如意智能科技为其卓越运营管理体系JBS建立了如图4-18所示的架构，设计的思路如下：

（1）外圆是整个卓越运营管理体系JBS的价值主张，即JBS所创造的价值。如意智能科技认为JBS给公司创造的价值是建立并维持可持续的竞争优势。如意智能科技计划打造的可持续竞争优势由两部分构成：卓越运营和客户体验（即前文所述的亲近客户）。卓越运营，主要是改善如意智能科技所面临的两大挑战，即战略执行和人才培养。客户体验单独被提出来也是凸显其重要性并向组织传达改善客户体验的价值和意义。因此，最终如意智能科技的卓越运营管理体系JBS所创造的价值如下：战略执行、人才培养、客户体验。而这三大价值和8大北极星目标基本是一一对应的。

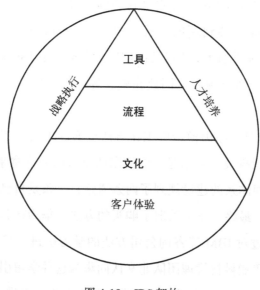

图 4-18　JBS 架构

（2）内部的金字塔分为三层结构。依次为文化、流程、工具。大体上回应了 JBS 冰山模型的内涵，只是考虑到实际的操作，有所调整。

1）文化，对应冰山模型中的价值观和文化理念。无论是传统制造类企业，如丰田、丹纳赫、联合技术还是数字化的高科技互联网企业亚马逊，都是将精益或卓越运营的思想理念植入到公司文化，纳入核心价值观进行评估和考核，以引领员工的行为。在 JBS 架构的设计上，如意智能科技决定将冰山模型中的价值观和文化理念统一整合到文化层。这样做的考虑是如意智能科技认为价值观属于企业文化中的重要组成部分，以免将价值观与文化理念在架构上进行不同层次的展示引起误解。对于支撑卓越运营管理体系 JBS 的文化的设计与实施将在后文中探讨。

2）流程，对应冰山模型中工作方法里面的流程。参考华为、丹纳赫建立的基于ISO9001的质量管理体系流程，确保公司规范有序经营，特别是确保端到端的流程，以高效地为客户创造价值。在第三方咨询顾问的帮助下，如意智能科技已经基于ISO9001的要求初步建立起了质量管理流程。因此在整合环节，我们将不过多讨论流程模块。

3）工具，对应冰山模型中工作方法里面的工具。"萧规曹随[○]"的故事给如意智能科技的启示是"好的东西是可以采取拿来主义的"。华为曾针对其管理体系的建设规划了两条道路：一条是自己摸索，另一条是向别人购买。最终，华为采取了购买的方法。华为在其管理体系建设的过程中，通过对IBM等咨询公司方法的学习引进，最终实现了卓越的绩效。如意智能科技管理团队非常认同华为这种学习引进的方法。考虑到JBS是以精益为基础的商业实践，因此团队决定借鉴DBS工具的结构，设定基础、精益、成长、领导力等工具模块。

2. JBS工具的设计

在设计卓越运营管理体系JBS工具时，如意智能科技确定了两个大原则。原则一，基础、精益、成长、领导力等工具要契合其定位。原则二，以价值创造活动为主，支持类和管理类活动为辅，设计工具。这两个原则相辅相成，指引JBS工具的设计。

（1）原则一，基础、精益、成长、领导力工具要契合其定位。提炼标杆公司的最佳实践，结合JBS所服务的8大北极星目标，如意智能科技确定了卓越运营管理体系JBS工具各个模块的定位以及服务目标，如图4-19所示。

○ 萧何定的政策规章制度，曹参全盘继承。借指后人沿袭前人遗制。本书指借鉴优秀的管理实践。

第4章 如何设计卓越运营管理体系 107

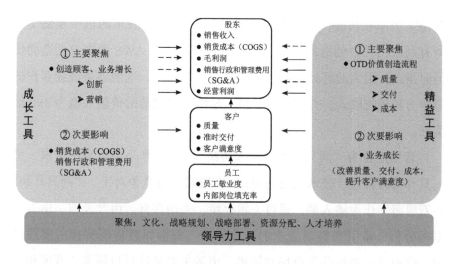

图 4-19 JBS 工具定位

成长和精益对应的是价值创造主流程。底部的领导力类似华为的使能性⊖和支持性的流程模块。参考对标公司的实践和如意智能科技的实际情形，分别详细说明如下。

1）成长工具（Growth）模块，定位于业务增长。如彼得·德鲁克所言：企业的目的有且只有一个适当的定义，那就是创造顾客。由于企业的目的是创造顾客，因此任何企业都有两个基本功能，而且也只有这两个基本功能，即营销和创新。如意智能科技JBS成长模块聚焦于创造顾客，并以此促进业务增长，且进一步细分为创新和营销。

创新的本质，和华为的IPD类似，是从一个创意走向产品（Idea To Market），从机会到商业变现的过程。研究表明，很多世界知名企业都十分重视研发，它们靠研发创造机会，引导消费。这些企业在短时间席卷了"机会窗"的利润，又投入创造更大的机会，这是他们的企业发展快的根本原因。于此而言，创新从本质上能够提升销售收入和利润。

⊖ 使能性是指一项数据及其相关技术要素投入使用后，可以使得既存技术能力得以改进和提升。

典型案例是亚马逊，贝佐斯在2021年3月份写给股东的信中预估了给所有利益相关方创造的价值，其中谈到亚马逊云AWS为客户创造的价值时指出，更大的好处是提升了软件开发的速度，这能显著改善客户的竞争力和销售收入，并进一步预估，这给客户创造的价值大概为190亿美元。

营销定位为"两只耳朵，一双眼睛"。一只耳朵倾听客户需求，另一只耳朵听行业、技术发展趋势；一双眼睛紧盯竞争对手。"两只耳朵，一双眼睛"作为输入端，通过去粗存精、去伪存真、由此及彼、由表及里的分析，牵引和推动企业的商业成功。根据如意智能科技的实践经验，营销进一步细分为市场和销售。市场主要是针对目标客户开展相应的活动，产生和孵化线索，也就是MTL（Market to Leads）的定位。而销售则是将市场提供的线索快速高效转化成订单，也就是LTO（Leads to Order）的定位。

结合以上成长工具，从财务报表的视角来看，成长工具所涵盖的创新、市场和销售活动主要影响核心销售收入并直接关联研发费用和销售管理费用，最终影响经营利润。从客户视角来看，如意智能科技在创新（研发）、市场和销售阶段多大程度上能精准洞察和满足客户在质量、交付、服务等需求则直接影响客户体验。

2）精益工具（Lean）模块，定位于接到订单后如何以更好的质量、更快的速度、更高的效率和更低的成本将订单交付，也就是OTD(Order to Delivery)。从财务报表的视角来看，精益工具直接影响销货成本和毛利率，最终影响经营利润。从客户的视角来看，如果改善了质量、交付与成本，促进了客户满意度的提升，那么最终也会间接影响销售收入。

3）领导力工具（Leadership）模块，和华为的使能性和支持性流程以及黄旭的《13+1体系》类似，主要用于给价值创造流程提供支持和赋能。它定位于文化、战略规划、战略部署、资源分配和人才培养。因为营造了良好的文化氛围、制定了契合且相得益彰的战略、分配资源和权责、充分培养了员工并且因材施用，所以促进了员工敬业度和满意度的提升。在内部管理岗位空缺时，优先提拔内部员工，进一步提升了员工的归属感、敬业度和满意度。如此就形成了如下的飞轮：士气高昂训练有素的敬业的员工创造了更好的客户体验，而愉快满意的客户为公司创造了更多的销售收入和利润，更多的销售收入和利润促进了股价的提升，最终提升了股东满意度，能持续投资公司。从员工的视角而言，领导力工具直接影响员工敬业度和内部岗位填充率。

4）基础工具（Fundamentals）模块，定位是各个职能各个层级都适合的工具，具有普遍的适用性。因为适合各个职能和层级，基础工具会影响 8 大北极星目标。

明确了 JBS 各个工具模块的定位以及其对于 8 大北极星目标的影响之后，如意智能科技将着手诊断现况，设计出适合自身的工具。

（2）原则二，以价值创造活动为主，支持类和管理类活动为辅，设计工具。这包含两个方面：其一是理论基础，其二是如意智能科技的实践。

1）理论基础。如意智能科技决定按照客户价值创造的主流程构建公司的管理体系。核心价值流程（即客户价值创造流程）越精益，辅助性服务作业流程（即支持类和管理类流程）就越精益，一般而言，建议先从核心价值流程着手，再扩及其他辅助性流程。在定义了核心价值流程后，所有辅助性服务作业都必须向核心价值流程提供支持。华为的实践是一个典型的案例。

华为按照主干流程（即客户价值创造流程）构建公司的组织及管理系统。2008 年华为高管会议明确，应该沿着企业的主业务流（例如，产品开发流、合同获取及合同执行流）来构建公司的组织及管理系统。那时产品开发有 IPD 保证，合同获取及执行流还没有系统级的管理系统来保证，在这个业务流中，集中了公司的资金、物流、存货和所有回款。"投标 - 合同签订 - 交付 - 开票 - 回款"是贯穿公司运作的主业务流，承载着公司主要的物流和资金流。针对这个主业务流的流程化组织建设和管理系统的建设，是长期的任务。

2）如意智能科技的实践。参考以上的理论支持和标杆企业的实践案例之后，如意智能科技决定"按照客户价值创造的主流程构建公司的管理体系"，并决定结合成长、精益、领导力和基础工具等模块的定位，分两步完成JBS工具的设计。第一步，以价值创造活动为主，设计成长工具和精益工具。第二步，以支持类和管理类活动为辅，设计领导力工具和基础工具以支撑价值创造的活动。

第一步，在咨询公司的帮助下，如意智能科技决定用价值流这一精益工具来诊断现有客户价值创造的主流程，识别关键的问题、障碍和瓶颈，进而设计出针对性的成长工具和精益工具。

如图 4-20 所示，价值流诊断显示，如意智能科技从收到客户需求到交付产品与服务的价值交付时间从 111 天到 711 天不等。增值占比只有 1.38% ～ 5.5%，基本符合波士顿咨询的研究结论，即增值时间实际上只占总时间的 0.05% ～ 5%。价值交付过程中存在的问题导致准时交付率只有 87%，质量缺陷率高达 3%，客户整体满意度只有 52%。这进一步导致了订单丢失，使得公司的业务增长率只有 5%，远小于对标公司的 25%。供应商的质量、交付、成本问题和制造环节的低效率，使得公司的毛利率只有 28%。研发周期长、问题多，营销和销售环节的低效率，进一步将经营利润率拉低到只有 -8%，导致公司处于亏损状态。如意智能科技决定逐一分析价值交付过程中的关键问题、障碍和瓶颈，对标世界标杆企业和知名咨询公司的最佳实践，萧规曹随，打造并建立契合自身环境和战略的 JBS 工具，然后在战略执行过程中严格地实施这些工具，以更好地改善 8 大北极星目标并培养掌握这些工具的人才。

第4章 如何设计卓越运营管理体系 111

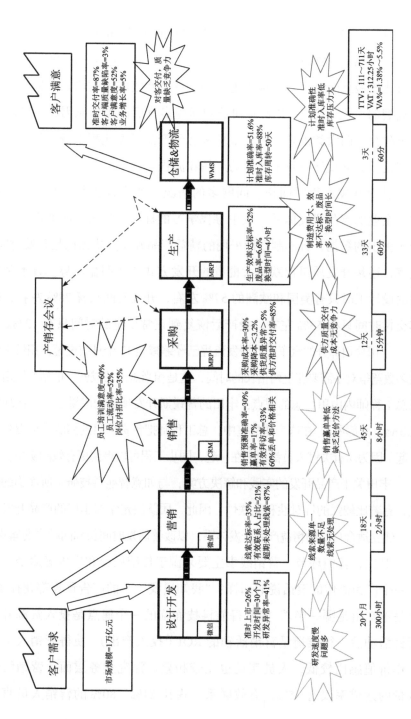

图4-20 如意智能科技价值流

其一，设计开发环节。首先，开发时间长达 30 个月，产品准时上市的比例只有 26%；其次，研发相关的异常率高达 41%。因为新产品上市比较慢且问题多，这极大地影响了核心销售收入的增长，错失了赚取利润的"机会窗"。开发时间长和问题多背后的根本原因在于产品开发过程存在两大类浪费。一种浪费来源于产品开发流程本身，另一种浪费则是低劣的设计导致了低效的产品和流程。

针对开发过程时间长、问题多的情况，如意智能科技对比了世界知名企业的产品研发体系，从中寻找学习的标杆。根据《改变世界的机器》提供的数据，日本制造商采用的精益产品开发方式无论是开发时间、效率，还是开发质量比欧美大批量的开发方式具备明显优势。日本制造商的设计工时只有美国和欧洲的 57% 左右，开发时间只有 78% 左右，样车交付时间只有 53% 左右，投产后恢复到正常质量的时间只有 12%。

丰田公司部分的汽车产品研发流程已经缩减至 12 个月或更短，相较于绝大多数竞争对手需要花上两倍长的时间，这是相当杰出的成就。根据普锐斯首任总工程师内山田竹志的观点：丰田的普锐斯开发项目的成果之一是作战室（Obeya，大部屋）。在这个作战室中，总工程师把负责项目的团队成员召集在一起，因为所有关键人员都集中在一起，同步工程可以得到更有效的实施。

丰田关于产品开发的实践和解决方案，与如意智能科技研发所面临的痛点，有着比较强的针对性和关联性。因此，团队决定学习丰田的产品开发体系，建立适合自身的精益产品开发体系，以改善研发时间长和问题多的痛点。

其二，营销环节。营销线索主要来源于传统展会和广告等途径，正如一个广为流传的笑话说的那样："我知道我一半的广告预算都花掉了，只是不知道是哪一半。"如意智能科技面临的一个痛点是投入资源开展营销活动后，很难衡量营销活动的 ROI（投入产出），使得营销人员的工作价值感比较低，人员流动也比较频繁。深究业务层面，营销线索数量的达成率仅有 35%，有效联系人占比 21%。80% 的营销人员直接将未处理的线索传递给销售。并且，超期未处理、未跟进的线索达到87%，在余下跟进和处理的线索中，公司对线索做第一次回应的时间平均为 42 小时，并且只有 37% 的线索是在一个小时以内回应的。

针对营销线索来源途径单一，线索数量和质量不足，缺乏线索跟进和回应不及时的痛点，如意智能科技咨询了提供 CRM 解决方案的企业。多家标杆企业分享了它们的经验和洞察。经验表明，当客户和销售互动时，已经完成了 57% 的采购决策流程。而营销是前置客户采购决策比较好的方案之一（First in mind，First in choice），是产生高质量线索，帮助销售快速转化订单的前提。此外，经常被销售人员忽视的线索，也隐藏着 77% 的销售机会。

综合以上的行业洞察结论，结合公司数字化转型的战略，如意智能科技决定向外部咨询公司学习，建立适合自身的数字化营销与线索处理工具，以改善营销过程的痛点，推动业务的有机增长。

其三，销售环节。销售预测准确率为 30%，赢单率仅为 17%，有效拜访率只有 33%。在销售上，每个人都有不同的方法，缺乏可复制的标准化流程。这在一定程度上导致了如意智能科技业务增长率只有 5%，而行业标杆高达 25%。销售过程管理存在很大的改善空间。

类似营销环节的做法，如意智能科技邀请了专业的咨询顾问进行学习和交流。行业的经验数据表明：20% 的销售是在 3 次及以内的跟进接洽后完成的，而高达 80% 的销售是在第 4 次至 11 次跟踪后完成的。如意智能科技销售人员拜访的数量和质量都不够。根据专业咨询机构的测算数据，基于销售过程管理的客户关系管理系统，帮助企业销售成交额提升了 26%，客户满意度上升了 26%，销售机会增加了 32%。

因此，采取最佳的工具和方法建立标准化和可复制的销售管理流程并持续改进，对于如意智能科技的业绩增长有极大的价值和意义。最终，如意智能科技决定建立以 CRM 系统为基础的"销售漏斗管理"工具以有效管理销售过程，提升业务的增长。

此外，数据显示 60% 的订单丢失和价格相关。销售人员往往习惯于报出一个总价，缺乏有效管理折扣和基于不同增值服务定价的能力。但是，增值服务在伺服驱动领域的客户眼中是非常重要的。麦肯锡对全球 1200 家企业数据研究得出的结论显示，当价格提高 1%，假设产量保持不变，变动成本和固定成本都保持不变，此时平均的经营利润从 11.5% 增长到 12.5%，相对增幅达 8.7%。如意智能科技决定向麦肯锡等专业咨询机构学习，建立适合自身的定价工具，即"定价管理"。这一工具运用价格瀑布模型对影响最终交易价格的所有要素（包含增值服务）进行控制，优化最终落袋价格，以达到提升销售收入和利润率的目的。

其四，采购环节。采购成本占总体销售额达到 30%，比重比较大，是销货成本的主要组成部分。但是，年度的采购降本小于 3.2%，这影响了公司的毛利率。采购只关注价格和款期，属于典型的"依据价格标签挑选供应商"，欠缺 TCO（总拥有成本）的理念。供应商供货质量异常超过 5%，供应商的准时交付率只有 85%，这都对最终产品的准时交付率产生了负面影响，造成了不好的客户体验，导致部分订单丢失。

采购阶段，针对供应商的质量、交付和成本的管理缺乏系统性的工具和方法。针对这些痛点，如意科技决定参考全球 500 强企业管理供应商的普遍实践，打造《供应商管理手册》系统性地改善供应商的质量、交付和成本。另外，针对成本的问题，团队决定请教专业的供应链和采购咨询的专家，以建立系统化、结构化的降本方法，即"采购降本工作坊"。

其五，生产环节。制造成本是销货成本的主要组成部分，影响公司的利润。数据显示公司毛利率仅为 28%，未达到高于 35% 的目标值，更是远低于业界标杆的 42%。主要原因是生产效率的达标率仅有 52%，废品率为 6.6%，过高的废品率推高了成本，影响了产品的最终交付。想要解决效率和废品率的问题，关键是如何运用精益的思维与原则运营工厂，参考标杆公司的经验数据，精益转型典型的成果是质量改善 10

倍，依据客户要求的准时交货达到 90% 以上，效率每个月提升 1.5%，库存下降 40%。因此，如意智能科技决定对标建立精益转型工具。

此外，生产环节的平均换型时间为 4 小时。因为换型时间过长，为了令生产更经济，生产部门倾向设定更高的生产批量，这导致了三个不利因素。首先，更大的批量在流程之间流转，导致了更长的制造时间，并且无法及时响应 VUCA 时代不断变化的客户需求。其次，更大的批量，意味着持有更多的库存，这也是造成 50 天的库存周转的关键原因之一。最后，起订量（MOQ，Minimum Order Quantity）设定偏大，会在客户端丧失一些竞争力。针对 4 小时换型时间的问题，团队决定对标学习丰田快速换模（SMED）的理念和技术。根据外部顾问分享的知识，丰田运用快速换模的方法将冲床的换模时间从 1945 年的 2～3 小时降到了 1971 年的 3 分钟。快速换模显然是适合如意智能科技的，因为这一方案能解决换型时间过长，只能批量生产而无法弹性满足需求，以及成本过高的痛点。

生产阶段的主要挑战在于如何引导企业从批量生产思维转换为精益的思维，以降低报废率，缩短换型时间，从而减少批量和制造周期时间。如果能实现上述改善，那么这将提升如意智能科技产品在质量、交付和成本方面的竞争力，从而间接贡献销售的增长。

其六，仓储和物流环节。计划准确率为 51.6%，准时入库率为 88%，库存周转为 50 天。在一定程度上造成了对客户的准时交付率只有 87%，并造成了现金流的压力。

如意智能科技决定学习诸如亚马逊等全球 500 强企业等经常运用的"销售运营规划（S&OP）"来改善准时交付、计划准确性等方面的问题，并优化库存结构。

综合以上分析，如意智能科技已经针对价值创造主流程暴露出来的主要问题和挑战，对标业界最佳实践，规划出了如图 4-21 所示的 JBS 成长和精益工具。

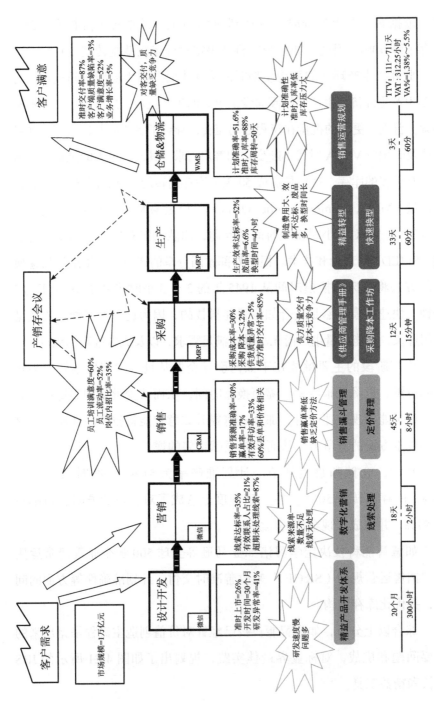

图 4-21 价值流诊断与 JBS 工具关联图

基于前文所述的 DBS 工具框架，如意智能科技根据自身对成长工具和精益工具的定位及价值交付主流程识别出来的工具，梳理出如表 4-3 所示的 JBS 成长模块和精益模块工具。

表 4-3　JBS 成长与精益工具

成长（Growth）			精益（Lean）			领导力（Leadership）			
创新	市场	销售	质量	交付	成本				
精益产品开发体系	数字化营销	销售漏斗管理	供应商管理手册	精益转型	采购降本工作坊				
	线索处理	定价管理		销售运营规划	快速换型				
基础（Fundamentals）									

第二步，以支持类和管理类活动为辅，设计领导力工具和基础工具以支撑价值创造的活动。

其一，领导力工具。在分析了价值创造流程，根据关键的挑战和痛点确定了成长工具和精益工具之后，如意智能科技着手诊断领导力模块存在的挑战和问题。依据价值流诊断和调研数据，培训满意度仅仅为 60%，员工流动率为 52%，岗位内招比率为 35%。

探究以上数据背后的原因，主要分为两个方面：首先，思维意识层面，人才培养的意识和重视度不够。员工之间缺乏信任，大家不愿意敞开心扉，不愿意请求他人帮助和帮助他人，也不愿意给他人提出建设性的反馈意见，不能正确处理团队成员之间的意见和建议，倾向维持表面上的和谐。其次，工作方法层面，公司欠缺系统化的管理工具和方法。

为了更好地建立领导力工具，如意智能科技首先明确了以下两点理念：首先，领导力是指为了实现目标而对他人施加影响的能力，公司的目标是让平凡的人做不平凡的事；其次，领导力工具侧重解决和改善8大北极星目标中的两个目标——员工敬业度和内部岗位填充率。这些目标已经成为公司级的战略目标，并计划纳入管理层的绩效考核。

为了践行以上的理念并实现这些目标，领导力工具的架构采取"他山之石，可以攻玉"的思路。如意智能科技决定借鉴知名的研究成果和企业实践，打造适合自身的领导力模型。在咨询公司的协助下，如意智能科技对标学习了被誉为领导力开发经典的《领导梯队》《13+1体系》。

《领导梯队》是全球知名咨询管理大师拉姆·查兰的作品，深入探讨了GE在20世纪70年代以来在领导人才培养方面的最佳实践，是领导力开发的系统模式，涵盖了绩效提升、继任计划、教练辅导、职业发展等方面，在100多家海外企业有实践，在国内的企业诸如中国电信、百度、中兴通讯、美团等也有过学习和推广，并取得了一定的成果。《领导梯队》模型总结出了从员工到CEO的领导力发展六个阶段的核心要义。领导者的每一次晋升都是一次领导力转型，需要从三方面展开：工作理念——更新工作理念和价值观，让工作聚焦重点；领导技能——培养胜任新职务所需要的新能力，提升领导力；时间管理——重新分配时间精力资源，决定如何高效工作。《领导梯队》给领导力工具提供了第一层级的框架和结构。

图4-22所示的《13+1体系》中的模块从不同的视角提出了第一层级的框架和下层一级的内容。它展示了一个持续健康组织的系统框架体系，包含精神层面、商业层面、组织保障层面和执行力层面，从上至下、从大到小、从远至近，一环扣一环，逻辑非常清楚，值得借鉴。同时，"13+1体系"模块与DBS的领导力模块既有相似也有区别，它的

四大模块和领导力工具的定位在底层逻辑上有着相似之处：精神层面匹配文化，商业层面匹配战略、战略执行，组织保障层面匹配资源分配，执行力层面的沟通、考核，人才盘点等匹配人才培养。区别在于，如果以管理技能的三层次来划分，DBS的领导力侧重为员工提供工具和流程，偏技术技能的范畴，那么"13+1体系"模块更侧重为员工，特别是高管团队提供概念技能。"13+1体系"模块可以作为领导力模块的借鉴和补充。

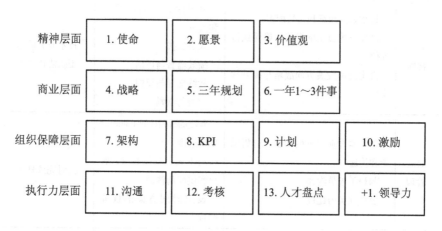

图 4-22 "13+1 体系"模块

资料来源：参考《13+1 体系》资料整理。

如意智能科技通过员工调研、访谈和讨论的方式，列出了现阶段公司需要关注的关键要素。以领导力模块的定位为基础，借鉴《领导梯队》《13+1 体系》的内容，针对每个要素对标最佳实践，列出适合自身特点的领导力工具。如意智能科技并未"机械地"照搬领导梯队模型，将其划分为六个职业阶段，主要有两点考虑。一方面，公司的规模相对于跨国大企业而言还比较小，不适合分太多的层级，这也参考了专家的建议。另一方面，正如彼得·德鲁克指出，管理的三项职能是管理企业、管理管理者、管理员工和工作。如意智能科技结合领导梯队、德鲁克的观点和自身的情况，将领导力模块划分为如表 4-4 所示的三个层级，即领导组织的模块、领导他人的模块、领导自己的模块。下面对这三个层级进行针对性说明。

表 4-4　如意智能科技领导梯队表

技能与工具	层级		
	领导组织 （Leading Org.）	领导他人 （Leading Others）	领导自己 （Leading Self）
领导技能	评估财务预算和人员配置 激发全体员工的潜能、确保执行到位 设定公司发展方向战略与提升软实力	制定计划（项目、预算和人员） 人员选拔 绩效监督与评估 教练辅导与反馈 奖励与激励	技术业务能力 团队协作能力
时间管理	学习本专业以外的知识，分析思考和沟通 与班子人员沟通 公司软实力建设	年度的时间计划（时间、项目进度） 与下属、其他部门、客户和供应商沟通 设定时间方面的优先顺序	按时完成任务
工作理念	大局意识、长远思考、开阔视野 从赢利的角度考虑问题 循序渐进地变革与转型、在长期与短期之间寻找平衡点	通过他人完成任务	遵循公司价值观
JBS领导力工具	如意之道 战略规划 战略部署 企业组织设计 财务预算管理	激励机制 面试宝典 绩效评估沟通与辅导 人才盘点 情景领导力	卓越敬业度 时间管理

第一，领导组织的模块，规划了五个工具，包含"如意之道""战略规划""战略部署""企业组织设计"和"财务预算管理"。这五大工

具是针对领导梯队所提到的需要具备的五大技能，即培养公司软实力、设定发展方向、确保执行到位，评估财务预算和人员配置所设置的。这也与领导力模块的五大定位契合，即文化、战略、战略执行、资源分配、人才培养。

"如意之道"精炼了如意智能科技的企业文化，涵盖愿景、使命和价值观，是指导公司经营和管理的最基本的理念和原则，帮助公司更好地实现战略执行和人才培养。特别是以"成为最以客户为中心的卓越运营企业"这一愿景为引领，打造以客户为中心，卓越运营的文化氛围。

"战略规划"承接公司文化，用来规划和制定匹配愿景、使命和价值观的战略，为公司设定发展方向。

正如《精益思想》一书的研究结论：很多实施精益转型的企业付出了很大的精力，但是进展很少。主要原因是它们从千百个方向去追求尽善尽美，分散了精力，而在任何一条路上又都没有下力气一直走下去。正确的做法是运用战略部署选择两三件最重要的事去做并做成，把其他事情放到以后去办。因此，"战略部署"是系统化地将战略转化为执行。以 8 大北极星目标作为 3～5 年公司的战略突破重点，逐步分解为年度目标，并将目标解码识别出关键的驱动因素。这一驱动因素是以流程为导向的，重点是选取适合改善此流程的 JBS 工具（如果没有相应的工具或流程，则将建立工具和流程作为改善的关键举措），从而引出基于应用 JBS 工具的改善计划。㊀在基于流程改善的基础之上，重新设计或优化组织结构，并分配相应的资源。同时，在改善计划落实的过程中，培养掌握相应 JBS 工具的人才。以上的逻辑，体现的是战略决定流程、流程决定组织、组织决定协调机制和资源分配的思路，也符合 JBS 服务于战略执行和人才培养的理念。

㊀ 这并不是为了工具而进行工具的改善，而是基于战略目标的需要，通过解码识别出来进行的改善。

"企业组织设计"基于战略决定流程、流程决定组织、组织决定人的思路，战略变、流程变、组织变的理念，指导团队设定支撑战略落地的流程化的组织结构。

在设定了年度目标，确定了跟随战略和流程的组织结构，以及相应的改善计划之后，"财务预算管理"将为战略落地提供相应的资源支持。

第二，领导他人的模块，规划了五个工具，包含"激励机制""面试宝典""绩效评估沟通与辅导""人才盘点"和"情景领导力"。这五大工具是针对领导梯队所提到的需要具备的五大技能，即人员选拔、绩效监督与评估、教练辅导与反馈、奖励和激励所设置的。这也契合领导力模块五大定位之一的人才培养。

"激励机制"是通过有效地管理各种激励资源，让员工的利益和公司的利益保持一致，来实现公司的使命、愿景、价值观和目标，这也是组织保障里必不可少的工作。如意智能科技52%的员工流动，部分原因是激励措施不到位所致。

参考国内标杆企业的实践，美的在2020年的年度报告中提出了公司的六大核心竞争力，其中一条是完善的公司治理机制与有效的激励机制，奠定了公司持续稳定发展的坚实基础。可见激励机制运用得当，也可以成为核心竞争力。

激励要兼顾长期和短期。如何设计和实施恰当的激励机制对于实现战略目标和保留人才来说都至关重要。

"面试宝典"用来改善人员选拔问题。如意智能科技52%的员工流动率里面部分原因是人员选拔不善所造成的。如意智能科技的面试流程包含以下五步：从大约200个人才池里系统筛选出180个初判合格的简历，人力资源筛选出12个候选人进行电话面试，再筛选4人现场面试，再筛选2人深度协商和背调，最终1人入职。这里面存在三个关键痛点：面试次数太多，缺乏系统化的面试工具和技巧，不知道如何挖掘候选人潜质，且难以判断候选人的价值观是否与所面试岗位匹配。公司的经验数据测算出，招募到一个不适合的人的成本与公司支付其年度的酬劳相当。

专家的经验表明，相对于改变一个人，更好的选择是选对人。因此，如意智能科技决定对标最佳实践，秉持"可以教一只火鸡如何爬树，但是更容易的事，则是直接雇用一只松鼠"的理念，建立适合自身的招聘工具和流程，命名为"面试宝典"。

"绩效评估沟通与辅导"用来改善绩效监督和评估。在如意智能科技绩效沟通与辅导的过程中存在如下典型的问题：平时不沟通，考核时临时算账；沟通中主管侧重于负面和待改善的部分，正面和肯定的部分一带而过；暴露出来的有关员工能力的问题没有解决方案，缺乏针对性的培训和辅导计划。这在一定程度上导致了员工的流失。团队缺失沟通辅导的意识，缺少相应的工具方法和技巧。进一步导致管理人员和团队成员之间信任的缺失。

贝佐斯在 2021 年致股东的信中提到了亚马逊版本的辅导，当员工绩效未达标时，主管会与员工交流并为其提供辅导。并且，辅导不仅仅只存在于未达标的时候。当员工业绩超越了设定的目标和期望，主管也一样会为其提供辅导。实际上，在亚马逊 82% 的辅导是正面的和积极的，提供给那些满足并超越期望的员工。换言之，未达目标或超越目标，均会提供辅导，以此不断激发员工的潜能。

如意智能科技的目标是让平凡的人做不平凡的事，"绩效评估沟通与辅导"有助于管理者和员工一起识别出发展潜力，从而引导和激励员工在工作中有针对性地运用 JBS 工具完成工作任务。在这个过程中，员工通过学习和运用 JBS 工具和方法，有更大的可能产出卓越绩效并提升能力。

"人才盘点"主要用于改善如意智能科技缺乏系统化人才盘点的现

状,这也是造成管理空缺岗位内部招募率只有35%的原因之一。"人才盘点"最重要的目的是让优秀的人"冒"出来,把不合适的人找出来,形成公司的人才理念、原则和实践。参考《13+1体系》中关于人才盘点的理念和国内外标杆企业的实践,"人才盘点"主要依据价值观和绩效两个维度盘点人才现状,为人员选拔、制定人力规划和预算计划做准备。

"情景领导力"主要用于帮助管理者在确定适当的领导行为方式时更加关注员工的个性特征。团队人员工作的主动性是不一样的。对于那些能力低下、几乎没有接受过培训,或者因不安全感而不太主动工作的人,和那些能力强、掌握了一定技能、充满自信且工作主动性极强的人员,应该实施不同的领导方式。如意智能科技的员工背景是多元化的,管理者欠缺科学的领导方法也是导致员工流失率高达52%的原因之一。"情景领导力"是比较基础并且适合如意智能科技的领导力方法,它同时能帮助初任管理者建立"通过他人完成任务"的工作理念。

第三,领导自己的模块,规划了两个工具,包含"卓越敬业度"和"时间管理"。目的在于提供一个系统化的方法改善员工敬业度,同时改善《领导梯队》提到的三大技能之一的"时间管理"。这契合领导力模块五大定位之一的人才培养。

"卓越敬业度"用来系统化分析和改善员工敬业度的问题,特别是如意智能科技员工的士气低迷,流失率高达52%,管理空缺岗位内部招募比率只有35%。"卓越敬业度"的底层逻辑基于盖洛普的Q12。如图4-23所示,Q12涵盖四大维度,即基本需求、个人发展、团队合作、共同成长等12个问题。Q12是一个相对权威的框架,用来分析员工敬业度并提供改善措施,最终产生业务成果。盖洛普的研究结论显示,全球仅仅有15%的员工落入敬业的范畴。

第4章 如何设计卓越运营管理体系

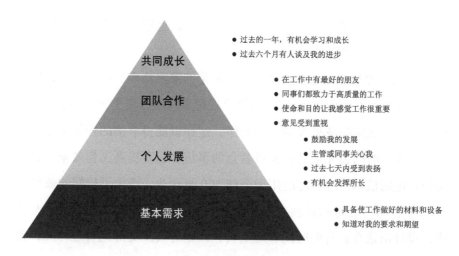

图 4-23　Q12 结构

资料来源：参考盖洛普网站公开资料整理。

一些标杆企业如 Salesforce、丹纳赫等，将 Q12 与自身的文化与特色相结合，形成自己特色的敬业度调研，并推动持续改善。有的标杆企业会将其卓越运营管理体系融入敬业度调研，这有助于推动体系的落地，再次体现了系统各个要素之间相互关联相互影响的特点。根据其 2021 年投资人分析师会议的数据显示，其敬业度指数绝对值提升了 10%，培养了 1300 个掌握卓越运营管理工具的人才，将员工流失率控制在 5% 以内，实现了超过 75% 的高管职位由内部人员来填补。

这些标杆企业的实践表明，盖洛普 Q12 和整个卓越运营管理体系的有效联动，对员工敬业度、流失率、内部人才培养是有一定帮助的。见贤思齐，如意智能科技决定基于 Q12 和标杆公司的实践建立适合自身的敬业度调研与分析工具，即"卓越敬业度"。

"时间管理"用来指导员工如何按时完成任务、计划时间安排。如意智能科技运用价值流诊断价值创造主流程时，发现员工的时间管理存在一些问题。例如，销售团队花在客户身上的时间只有 26% 左右。员工很容易被小事情牵绊，主次不分，导致真正运用在价值创造上的时间太少，最终负面地影响了销售收入的水平。

时间管理基于艾森豪威尔法则（又称四象限法则，这一法则是由美国前任总统艾森豪威尔提出）。它是指处理事情应分清主次，确定优先级别，以此来决定事务处理的先后顺序，这样就能将事情的轻重缓急划分清楚，第一时间去完成最重要最紧急的事情，显著提高工作效率。这个时间管理的法则已经广泛应用于全球500强企业，产生了较好的效果。

考虑到员工时间管理方面的问题，如意智能科技决定借鉴一些实践，设计出适合自身的时间管理工具，以指导员工更好地管理时间，提升整体的价值创造。

综合以上的分析，如意智能科技已经基于领导力工具的定位，依据诊断出来的关键痛点，借鉴《领导梯队》《13+1体系》以及标杆企业的实践，建立起了适应其环境和战略需求的领导力工具。汇总梳理出来的成长、精益和领导力工具如表4-5所示。

表4-5 JBS成长、精益、领导力工具列表

成长（Growth）			精益（Lean）			领导力（Leadership）		
创新	市场	销售	质量	交付	成本	领导组织	领导他人	领导自己
精益产品开发体系	数字化营销	销售漏斗管理	供应商管理手册	精益转型	采购降本工作坊	如意之道	激励机制	卓越敬业度
				销售运营规划	快速换型	战略规划	面试宝典	时间管理
	线索处理	定价管理				战略部署	绩效评估沟通与辅导	
						企业组织设计	人才盘点	
						财务预算管理	情景领导力	
基础（Fundamentals）								

其二，基础（Fundamentals）。如前文所述，基础工具的定位是任何层级、任何职能部门都适合的工具，这里面道出了基础工具普适性的特点。如意智能科在整体借鉴标杆企业最佳实践的基础上，做了三处调整：一是做了一定的定制化和更新，包含工具的名字和实质都更贴近如意智能科技的情况。二是为了强化客户体验，决定将 VOC（Voice of Customer，客户之声）和客户体验进行整合，以更好地识别内外部客户的需求并持续改善其体验。三是根据如意智能科技的解读，进一步将八大基础工具结构化，更好地呈现其逻辑关系。这八大基础工具将进一步细分为三个小模块，即诊断、改善和维持。诊断环节包含用于识别客户需求并改善其体验的"客户之声与客户体验"，用于诊断价值创造流程中的问题和改善机会的"价值流"。改善环节包含，用于指导改善团队实施改善项目的"改善的原则与流程"，必要时用于解决具体的流程问题和差距问题的"业务流程改善"和"问题解决的系统"。维持环节采用"5S""标准工作"将改善后的流程固化和标准化，并采用"目视化日常管理"持续监控固化后的流程的过程性和引领性指标，以及结果性和滞后性目标。必要时，将指标情况再次反馈给诊断环节以持续不断地改善，构成诊断、改善和维持的闭环。

综合以上分析，如意智能科技以 JBS 工具定位为基础，针对自身关注的重点，借鉴专家学者的理论和标杆企业的实践，构建出如表 4-6 所示的 JBS 工具。

合计 30 个工具，其中成长相关的工具 5 个，精益相关的工具 5 个，领导力相关的工具 12 个，基础工具 8 个。这 30 个工具以价值流的方式呈现如图 4-24 所示。如意智能科技期待这些 JBS 工具将来能够协助其高效执行战略，促进价值在价值流中快速流动，更好地满足客户需求，提升客户体验。同时，员工也能在促进价值快速流动的过程中，通过培训、辅导和实践的方式更好地掌握这些工具和方法，实现个人能力的提升。

表 4-6 JBS 成长、精益、领导力、基础工具列表

成长（Growth）			精益（Lean）			领导力（Leadership）		
创新	市场	销售	质量	交付	成本	领导组织	领导他人	领导自己
精益产品开发体系	数字化营销	销售漏斗管理	供应商管理手册	精益转型	采购降本工作坊	如意之道	激励机制	卓越敬业度
	线索处理	定价管理		销售运营规划	快速换型	战略规划	面试宝典	时间管理
						战略部署	绩效评估沟通与辅导	
						企业组织设计	人才盘点	
						财务预算管理	情景领导力	

客户之声与客户体验	价值流	改善的原则与流程 问题解决的系统	业务流程改善	5S 标准工作	目视化日常管理
诊断		改善		维持	
基础（Fundamentals）					

总结整合环节，以改善 8 大北极星目标为目的，如意智能科技根据自身所面临的痛点与挑战，借鉴了标杆公司、研究机构、和专家学者的理论与实践，通过考虑各个要素之间的相互关联和相互影响并进行有效的整合，设计出了 JBS 体系的两层结构。从第一层架构、逐级递进到由成长、精益、领导力和基础工具等四个模块 30 个工具组成的二级架构，形象化地展示了卓越运营管理体系。

在向咨询顾问请教学习和交流探讨的过程中，如意智能科技了解到了丰田、丹纳赫和华为等卓越运营管理体系的发展历程，逐步认识到，这 30 个 JBS 工具的开发和落地绝不能以急功近利的心态和全面开花的方式来推行。工具的设计和开发需要紧跟环境和战略的需要，分阶段分步骤实施，并且在开发和设计的过程中，根据反馈持续地迭代和调整。关于工具的开发将在下文中探讨。

第4章 如何设计卓越运营管理体系 129

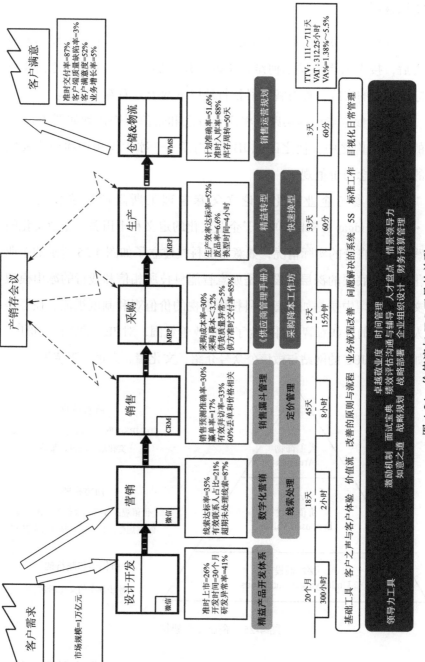

图 4-24 价值流与 JBS 工具的关联

维持潜在模式

在确定了 JBS 的整个架构并整合各个工具确保其相互关联相互影响之后，接下来重点是如何维持 JBS 系统并将其制度化。参考前文所述标杆企业的实践，如意智能科技将从以下两个方面着手实施。

其一，参考丰田的实践，将文化理念和价值观嵌入到如图 4-18 所示的 JBS 架构之中，使之匹配 JBS 的内涵——冰山模型中冰山水面之下的文化理念与价值观。

其二，参考企业文化理论之父麻省理工斯隆商学院教授埃德加·沙因（Edgar H.Schein）关于企业文化的定义和丰田关于企业文化的实践，根据自身的实际情况，如意智能科技建立了如图 4-25 所示的企业文化架构。底层的深层假设，是如意智能科技所相信和践行的冰山模型的文化理念。中层是如意智能科技所重视的价值观和制度规范。顶层是他人所看到的，如意智能科技为了营造改善氛围，对 JBS 的宣传和推广。例如，有关 JBS 的网站与微信公众号介绍、文化墙、海报、服装等。

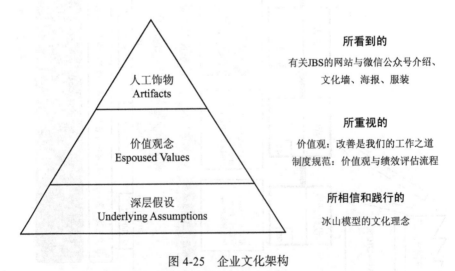

图 4-25　企业文化架构

它与前文中的冰山模型以及后文中的 3S 模块的文化既有联系，也有区别。它底层的内容来源于冰山模型，但侧重于从所看到的、所重视的、所相信和践行的角度，进行沟通和宣传，助力 JBS 系统的运转和维持。

JBS 和 AGIL 的总结

到目前为止，如意智能科技已经完成了其卓越运营管理体系（Joey Business System，JBS）的整体规划和设计。总结为以下五个步骤。

第一步，参考塔尔科特·帕森斯的 AGIL 模型，借鉴标杆公司的最佳实践，以自身的实际痛点和需求为主线，规划了与 JBS 系统相关的所有 AGIL 要素，如图 4-26 所示。AGIL 是规划 JBS 系统的顶层框架，它由以下四个要素支撑：适应（A）、目标（G）、整合（I）和维持潜在模式（L）。

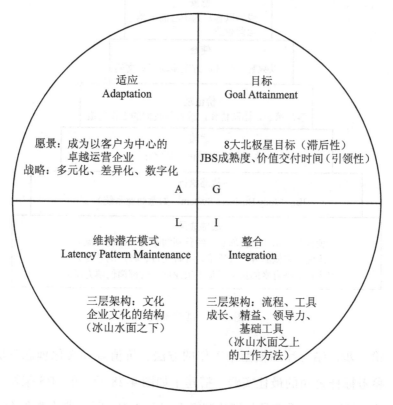

图 4-26　如意智能科技 AGIL 模型

第二步，在 AGIL 的整体规划下，结合冰山模型中 JBS 战略执行的可持续竞争优势的定位，构建出如图 4-27 所示的战略地图。战略地图清晰地勾勒出 JBS 是如何契合愿景、使命和价值观，系统性地将如意智能科技的"多元化、差异化、数字化"战略转化为高效的执行，产出符合 8 大北极星目标的战略成果的。这些成果从 JBS 所服务的 8 大北极星目标进行评价和衡量，包含满意的股东（有机增长、经营利润率提升、现金流），愉快且忠诚的客户（质量、准时交付、客户满意度），敬业且训练有素的员工（员工敬业度、内部岗位填充率）。战略地图也形象地展示了 JBS 系统是如何从逻辑上契合 AGIL 所要求的适应（A）、目标（G）要素的。

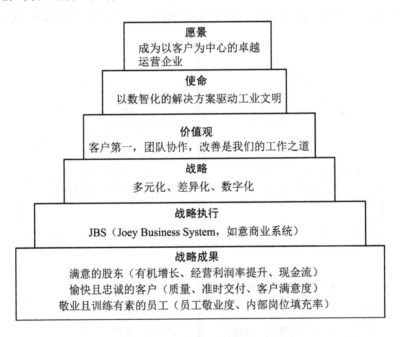

图 4-27　战略地图

第三步，结合冰山模型中工作的方法、价值观和文化理念三层内涵，参考标杆公司的最佳实践，搭建了如图 4-28 所示的 JBS 架构，它形象地展示了 JBS 系统是如何从逻辑上契合 AGIL 所要求的整合（I）和维持潜在模式（L）要素的。

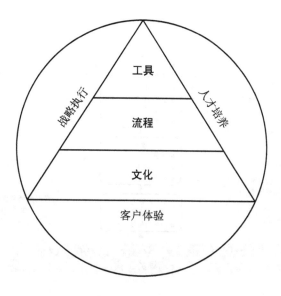

图 4-28　JBS 架构

第四步，在确定 JBS 架构之后，重点针对工具层进行设计和开发，㊀如意智能科技提炼了标杆公司的实践经验，针对"3（成长、精益和领导力工具）+1（基础工具）"个工具模块进行了进一步的定位，如图 4-29 所示。

第五步，基于 3+1 工具模块的定位，以价值创造流程为主轴，运用价值流诊断出价值创造流程中的关键痛点与挑战，借鉴标杆企业和咨询机构的最佳实践识别出价值创造流程中契合如意智能科技的工具，构成成长和精益模块的工具。然后，以价值创造流程暴露出来的领导力痛点和挑战为主，结合业务部门的调研反馈，借鉴拉姆·查兰《领导梯队》中的理论和《13+1 体系》中的理论，以及标杆企业和咨询机构的最佳实践，讨论并确定领导力模块的工具。基于基础工具的定位结合一

㊀ 如前文所述，如意智能科技已经基于 ISO9001 要求在知名咨询公司的协助下建立了流程体系。

些广为人知的具有普适性的商业实践，组成基础工具。综合以上内容，构建出如表4-7所示的JBS工具列表。

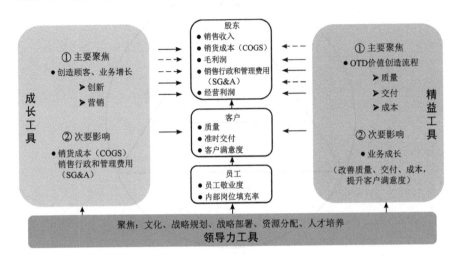

图4-29　JBS工具定位

表4-7　JBS成长、精益、领导力、基础工具列表

成长（Growth）			精益（Lean）			领导力（Leadership）		
创新	市场	销售	质量	交付	成本	领导组织	领导他人	领导自己
精益产品开发体系	数字化营销	销售漏斗管理	供应商管理手册	精益转型	采购降本工作坊	如意之道	激励机制	卓越敬业度
	线索处理	定价管理		销售运营规划	快速换型	战略规划	面试宝典	时间管理
						战略部署	绩效评估沟通与辅导	
						企业组织设计	人才盘点	
						财务预算管理	情景领导力	
客户之声与客户体验		价值流	改善的原则与流程 问题解决的系统		业务流程改善	5S　标准工作		目视化日常管理
诊断			改善			维持		
基础（Fundamentals）								

如何开发具体的工具

在设计出了卓越运营管理体系 JBS 的整体架构之后，接下来的重点是在整体架构下，如何开发具体的工具。关于工具的开发，如意智能科技掌握了以下三个关键点：工具开发的途径与方法、工具开发的框架、工具的评审。

工具开发的途径与方法

关于开发途径，标杆公司主要有几种做法：对标、快速学习和试验、并购。

1. 对标

大部分企业在发展的过程中，都会对标学习一些最佳实践，建立适合自身的管理体系、工具和方法。如前文所述，华为管理体系的建设就是一个不断地向 IBM、埃森哲、Hays、新技术等标杆企业和机构学习的过程。丹纳赫也是如此，《精益思想》一书中线模公司的案例表明，早期的 DBS 工具对标学习了新技术顾问的实践和经验（这些顾问老师是大野耐一的亲传弟子，具备丰富的丰田生产系统 TPS 的实践经验）。实际上，在 DBS 不断演化和发展的过程中，对标学习的过程一直在持续。丹纳赫已退休的执行副总裁史蒂夫·西姆斯在访谈中分享到，他开发工具的思路之一就是对标学习。时任 CEO 的劳伦斯·卡尔普让史蒂夫领导一个团队挖掘有机增长的机会，除了他们已有的知识和工具以外，史蒂夫和整个团队从不同的角度思考产品开发和创新的各个方面，摸索有关销售和定价的一些高级方法与技巧。他们派了一组团队去宝洁公司学习，尽管行业非常不一样，但是团队学习了有关创新的理念，拓宽了思路。同时，开发团队也去星巴克学习了客户管理。此外，他们和专家交流定价以及定价分析的方法。最终，团队定制出适合公司特色的工具。工具开发出来以后，开发团队挑选有巨大的机会并且具备试验能力的子公司进行试点。最终，开发团队通过两个简单的问题实现了整个集团有机增长工具的推广：如果我们想在有机增长方面取得成功，哪个工具能帮我们达成目标？我们如何实现内部造血最终能够自己领导这个有机增长的流程？

2. 快速学习和试验

DBS 中 SQM 工具的开发很好地体现了快速学习和试验的开发理念。SQM（Supplier Quality Management，供应商质量管理，具备大质量管理的理念），用于系统性管理和改善供应商的质量、交付和成本。笔者有幸作为核心开发成员参与此工具的开发。2012 年 6 月，丹纳赫集团供应商质量管理负责人 M 先生与丹纳赫商业系统办公室（Danaher Business System Office，DBSO）合作，在美国洛杉矶附近的下属工厂贝克曼召集了为期 3 天的 SQM 工具开发研讨会。开发团队包含 9 位拥有不同背景成员：2 位 DBS 专家，3 位来自集团供应商质量和采购背景的专业人士，4 位来自子公司负责供应商管理的专家。开发团队成员基于供应商质量管理所面临的挑战与问题，通过分享学习最佳实践，头脑风暴，搭建了初版的 SQM 框架。框架确定以后，M 先生主导将内外部的实践融入 SQM 的各个要素，形成初版的 SQM 工具，并于 2012 年年中发布。为了检验效果，开发团队挑选了 3 家左右的子公司进行试点，并于 2012 年 11 月在全球的 DBS 分享平台上介绍并推广 SQM。随着工具的不断推广与打磨，2013 年在欧洲和中国分别举办了训练营进行推广。中国区作为先行试点区域，取得了良好的效果。笔者也因此得以代表中国区供应商质量团队于 2013 年 6 月份在全球的 DBS 分享平台上介绍推广 SQM 的成果和经验教训。有了这些沉淀，SQM 工具被逐步推广到亚洲的其他区域,包含日本、印度和新加坡等。最终,中国区连续三年实现了供应商质量的改善,培养了多个 SQM 工具的黑带和 MRA(互相认可的审核员),并于 2018 年年初帮助下属子公司获得了总裁改善项目最佳改善团队。SQM 工具的开发是一个典型的通过快速的学习和试验开发 DBS 工具的案例。

3. 并购

丹纳赫前执行副总裁、福迪威现任 CEO 吉姆·利科曾在访谈中指出,丹纳赫是通过并购获取新的知识和方法并不断完善 DBS 的。他指出,随着不断地收购公司,丹纳赫也学习到一些新的东西。丹纳赫收购牙科业务时学习到了很好的销售管理实践;并购福禄克和哈希(Hach)时,丹纳赫学到了更好的产品管理;并购泰克(Tektronix)和一些生命科学业务时,丹纳赫学习到技术开发和先进的研发、软件开发的方法。这些学习到的内容都被整合进 DBS。一个很重要的关于 DBS 的特点就是它随着丹纳赫产品组合的变化而变化。

借鉴丹纳赫、华为等公司的做法,考虑到实际的情况,如意智能科技决定初期先采取对标学习的方式开发工具,随着公司的发展和壮大,逐步采取快速学习和试验、并购等途径开发工具。

关于开发节奏,如前文所述,目前规划出了 30 个 JBS 工具,这 30 个工具的开发和落地不能一蹴而就,需要紧跟环境和战略的需要,分阶段分步骤实施。因此,如意智能科技决定采取三步走的战略在 5~8 年⊖内逐步开发并完善这些工具。

经过管理团队的讨论和权衡,决定将这 30 个工具分三批开发并落

⊖ 大部分读者可能觉得这太久了,实际上以华为花 5~8 年推行一个 IPD 工具来看,这个时间算是短的。如何让如意智能科技的管理团队不要产生畏难情绪,先动起来是关键。

地，在随后开发落地的过程中逐步总结经验教训。如表 4-8 所示，第一批 8 个工具包含：销售漏斗管理、精益转型、战略部署、改善的原则与流程、问题解决的系统、5S、标准工作和目视化日常管理。这 8 个工具能初步应对价值创造流程的挑战，并为卓越运营转型建立一个基础，最重要的是构成战略部署的闭环（我们将在后文中讨论）。第二批 10 个工具将涵盖价值创造流程中的所有挑战，并建立起全部的基础工具，且在第一阶段工具开发和落地的基础上，逐步夯实持续改善的文化氛围。第三批的 12 个工具集中于领导力等管理赋能领域，和前两批工具一起构建起如意智能科技经营管理的全部工作方法。以上是初步的设想，正所谓，管理是科学与艺术的结合。具体开发的工具和节奏的拿捏将会随着环境战略的变化，经验的累积与沉淀，不断地进行优化和调整。

表 4-8 JBS 工具开发顺序列表

成长（Growth）			精益（Lean）			领导力（Leadership）		
创新	市场	销售	质量	交付	成本	领导组织	领导他人	领导自己
精益产品开发体系	数字化营销	销售漏斗管理	供应商管理手册	精益转型	采购降本工作坊	如意之道	激励机制	卓越敬业度
	线索处理	定价管理		销售运营规划	快速换型	战略规划	面试宝典	时间管理
						战略部署	绩效评估沟通与辅导	
						企业组织设计	人才盘点	
						财务预算管理	情景领导力	
客户之声与客户体验 价值流			改善的原则与流程 业务流程改善 问题解决的系统			5S 标准工作 目视化日常管理		
诊断			改善			维持		
基础（Fundamentals）								

工具开发的框架

如意智能科技在咨询顾问的帮助下,研究了标杆企业和一些咨询公司的教材,并学习了一些课程开发的方法,决定采用5W1H模型开发适合自身的JBS工具。工具的5W1H所需要具备的内容如图4-30所示。

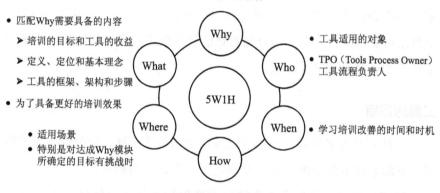

图4-30 工具开发5W1H架构

此外,如意智能科技为了更好地统筹规划和落地JBS体系,在咨询顾问的建议下,决定建立一个专职的团队。这个团队的设想参考了DBS早期的专家阿特·伯恩(Art Byrne)在《精益转型行动指南》中提到的改善促进办公室(KPO)的实践。因此,如意智能科技决定将这个专职团队命名为如意商业系统办公室(Joey Business System Office,JBSO)。关于JBSO的组织结构和团队设计,将在后文中讨论。

为了支撑JBS工具的开发和落地,参考丹纳赫和华为的实践经验,如意智能科技决定为每个工具任命工具流程负责人(Tools Process Owner,TPO)。TPO负责主导工具的开发、培训和落地。参考对标公司的做法,如意智能科技决定TPO由公司高管来担任。最终,CEO亲自任命了8个工具的TPO,包含CEO本人亲自担任的"战略部署"工具的TPO,也包含副总裁、销售负责人、工厂厂长和JBSO负责人担任的其他7个工具的TPO。

根据JBSO的整体规划和指导,TPO负责组建团队,在内外部专家、咨询顾问的协助下,参考以上的5W1H框架,对标实践,历时6个月左右的时间开发出了适合如意智能科技的工具和方法。第一批8个工具的5W1H如表4-9所示。

工具的评审

工具开发出来以后,如意智能科技决定从适应性、充分性、有效性三个方面来评审其JBS工具,并确定了工具评审的标准。

评审标准共三个维度7个细分评估项目,每个评估项目总分为10分。首先,适宜性维度的权重为30%,通过工具与公司发展契合度、与业务需求匹配度,工具是否具备一定的成熟度和理论基础且在对标企业是否有成功的实践案例等维度判断工具的适应性。其次,充分性维度的权重为30%,主要评审角度为内容完整度、逻辑严谨性、教材是否符合5W1H和JBS教材的结构要求、教材的内容是否能解决5W1H模块中Why环节所识别出来的痛点并促进目标的达成。最后,有效性维度的权重为40%,主要评审角度为培训的效果、用户的反馈和满意度,以及实践效果。工具在内部实践和外部实践的效果会综合在一起进行评估,这一考虑是避免因为内部实践不到位造成效果不好而否定工具本身的情形。

第4章 如何设计卓越运营管理体系

表4-9 JBS第一批8个工具的5W1H列表

JBS模块	JBS工具名称	Why 课程目标与收益	Why 影响目标、指标	What 课程内容纲要	Who 适用对象	Who TPO	Where 应用场景	When 建议完成时间	How 培养方式	How 评估方式	Benchmarking 对标&借鉴
基础(Fundamentals)	改善的原则与流程	实现更好的改善效果与效率 1. 帮助员工更好地根据改善的原则进行持续改善 2. 通过掌握改善的原则和流程，更好地达成改善目标，维持改善成果，最大化改善收益	改善的效果和效率：改善项目的目标；人才培养	一、Why：收益、目标的达成，人才培养，改善文化 二、What：改善活动的定义 三、How：流程与方法 1. 改善人原则：三维人原则 2. 改善人流程：改善案例 3. 变革人步法：力场分析，制约力，变革人步法	全员	JBS负责人 Eric	需要进行改善活动时例如总裁改善	1. 入职6个月内 2. 开展相关改善前	培训：入职培训 辅导：月度分享 实践：改善项目	满意度调查 课后测试 改善成熟度评估 改善目标与JBS人才	今井正明《改善》与《现场改善》《精益的转变》《企业精益领导之道》

（续）

JBS模块	JBS工具名称	Why 课程目标与收益	Why 影响目标、指标	What 课程内容纲要	Who 适用对象	Who TPO	Where 应用场景	When 建议完成时间	How 培养方式	How 评估方式	Benchmarking 对标&借鉴
基础 (Fundamentals)	问题解决的系统	一种解决问题的系统化的思维和框架，更好地确定问题，挖掘根本原因，执行对策，自动化维持改善效果	各类目标、指标 解决问题的效率和效果	一、Why：解决问题面临的挑战、人才培养 二、What：问题的定义、PSS的定义 三、How：IDEA框架 ①确定问题；②挖掘原因：头脑风暴、MECE、一级二级帕累托图、分解问题的技巧、头脑风暴、群体偏移、现场主义、5Why；③执行对策：对标、日常管理、流程、固化、案例分享	全员	JBS负责人 Eric	1. 不知道如何解决问题时 2. 实际绩效与期望有差距时 3. 目标未达标时	1. 入职6个月内 2. 开展相关改善前	培训：入职培训 辅导：分享 实践：改善项目	满意度调查 课后测试 IDEA应用评估 差距完成度	John Shook 的《学习型管理》 《麦肯锡问题分析与解决技巧》
	5S	1. 良好的第一印象与工作环境 2. 便于发现异常 3. 安全、质量和效率的提升	安全 质量 效率	1. 5S介绍：Why, What, How 2. 5S实施：整理（断舍离）、整顿（三定）、清扫、清洁、素养 3. 不同场景的5S运用（线下；线上，如数据、文档、系统等）改善案例分享	全员	副总裁 如意	精益转型时（线上&线下）	1. 入职3个月内 2. 开展相关改善前	培训：入职培训 辅导：分享 实践：改善项目	满意度调查 课后测试 5S审核评分 SQP目标达成度	《新丰田生产方式》 《5S推进法》

模块	目的	关注领域	内容	对象	负责人	应用场景	时间	方式	考核	参考
标准工作	1. 发现并消除浪费，有效地利用资源，改善安全、质量、交付和成本 2. 建立可行可靠可复制的工作标准 3. 暴露异常，为持续改善奠定基础	安全 质量 交付 成本	1. 标准作业介绍：Why, What, How 2. 描述现状：节拍时间观测 3. 八大浪费 4. 标准作业三要素 5. 标准作业的应用场景及案例	全员	副总裁如意	需要标准化的场景	1. 入职3个月内 2. 开展改善相关前	培训：入职培训 辅导：月度分享 实践：改善项目	满意度调查 课后测试 标准作业审核 SQDIP目标达成度	大野耐一《丰田生产方式》《新丰田生产方式》哈佛商业评论《破译丰田生产体系的DNA》
目视化日常管理	1. 有效管理团队 2. 聚焦关键运营指标 3. 快速发现问题，促进沟通，使团队协同一致	团队日常运营指标或者项目指标	1. 目视化日常管理介绍：Why, What（三要素）, How 2. 目视化日常管理落地、准备、实施及维持 3. 改善案例分享	全员	JBS负责人 Eric	需要维持时管理KPI以及项目指标	1. 入职6个月内 2. 开展改善相关前	培训：入职培训 辅导：月度分享 实践：改善项目	满意度调查 课后测试 三要素分层审核 目标指标维持率	《高效能人士的执行4原则》《关键绩效指标》

（续）

JBS模块	JBS工具名称	Why 课程目标与收益	Why 影响目标、指标	What 课程内容纲要	Who 适用对象	Who TPO	Where 应用场景	When 建议完成时间	How 培养方式	How 评估方式	Benchmarking 对标&借鉴
成长（Growth）	销售漏斗管理	1.改善速度和赢单率 2.提高效率与效果 3.掌握销售漏斗使用方法，能运用到日常销售管理中	销售额 销售人效 赢单率 成单周期 销售预测准确度	1.Why：改善速度和赢单率、提高效率与效果 2.What：一个旨在推动销售增长和预测销售收入而收集和管理机会的流程 3.How（三步法）：设置销售漏斗，管理漏斗回顾流程，优化漏斗管理目标与流程	销售部	销售负责人Tony	销售过程管理 销售收入 赢单率需改善时	1.入职9个月内 2.开展相关改善前	培训：入职培训 辅导：销售月会 实践：改善项目	满意度调查 课后测试 漏斗回顾会议审核 销售额赢单率达成度	价值销售与销售漏斗
精益（Lean）	精益转型	1.如何智能科技经营工厂的方式 2.推动结果（SQDIP）关键的第一步不是点的改善而是精益转型	安全 质量 交付 库存 效率	1.Why：改善安全、质量、交付、库存与效率 2.What：定义、定位、精益原则 3.How：逆时针方向运作的U形线、标准工作，库存从仓库移动至于POS、拉动补线、5S和目视化日常管理生产线的SQDIP指标	生产线员工	工厂厂长赵四	建立U形线 实施一件流 需要改善SQDIP时	1.入职6个月内 2.开展相关改善前	培训：入职培训 辅导：月度分享 实践：改善项目	满意度调查 课后测试 精益转型评估 SQDIP达成度	丰田、丹纳赫《精益转型行动指南》

第4章 如何设计卓越运营管理体系

领导力 (Leadership)	战略部署	战略目标						
	1. 系统性将战略转化为执行 2. 在组织内部实现聚焦和协同 3. 实现突破性目标	1. Why：战略执行、聚焦、协同 2. What：溯源、定义（战略计划与执行结果之间的桥梁）、原则 3. How（五步流程）：3~5年突破性目标，年度突破目标，辨明关键驱动过程和跟进方法，定量度改善，辨明关键的资源与部署，依据需要部署到的层级	CEO Joey	战略目标落地	1. 入职12个月内 2. 开展相关改善前	培训：入职培训 辅导：经营分析会 实践：战略部署改善	满意度调查 课后测试 经营分析会评价 战略目标达成度	《精益战略部署》 《战略解码》 John Doerr《这就是OKR》

在确定了评审标准之后，如意智能科技同时也成立了跨职能并且多元化多视角的评审团队来评审工具。尽可能从不同的视角提供建议和反馈，这种举措也为未来更好地落地这些工具营造了良好的参与和支持的氛围。

评审团成员由五种角色组成，包含专家、高管、用户、培训和JBSO等不同背景的人员。同时，担负不同角色的评审成员的侧重点也有所不同。这样的考虑是因为术业有专攻，如果五大角色的评委参与所有项目评估，可能会因为分数的平均稀释了某个领域专家的意见，造成评审结果不一定满足适应性、充分性、有效性的要求。这五大角色评审的侧重点如下。

专家角色，侧重工具或教材内容的专业性，包括其理论基础、深度和广度，以及内容是否对标借鉴了业界的优秀实践，实践的效果如何。专家的评估涵盖了适应性、充分性、有效性三个方面。

高管角色，侧重工具或教材内容是否适合公司的战略方向、目标，是否与当前的发展节奏契合，评估内部实践的效果是否满意。高管的评估也涵盖了适应性、充分性、有效性三个方面。

用户角色，侧重工具或教材内容是否适合用户也就是业务部门的需求，用户对试点进行反馈，必要时评估试点效果。用户的评估也涵盖了适应性、充分性、有效性三个方面。

培训角色，侧重评估培训的效果，基于学员的建议和反馈，和柯氏四层级的理念，核实工具开发团队是否制定了相应的效果评估方案，包含考试题目、行为评估、业绩指标的评估方案。培训角色的评估仅涵盖有效性这一个方面。

JBSO角色，侧重工具或教材内容的专业性，包含其理论基础、深度和广度，以及内容是否对标、借鉴了业界的优秀实践，是否符合 5W1H 和教材结构的要求，实践的效果是否满足了初步的要求。JBSO 角色的评估也涵盖了适应性、充分性、有效性三个方面。

如意智能科技在明确了评审标准和评审团队之后，按照计划针对第一批的 8 个工具组织了相应的评审。评审由 JBSO 主持，TPO 作为答辩的主辩手，五大角色评委组成评审委员会。在 2 个小时的评审答辩时间里，TPO 依据事先要求的内容先概括介绍工具和教材，再针对评审标准里面的适应性、充分性、有效性逐一进行解答和说明。然后，评委与 TPO 进行互动答疑。最终，评审团队合议给出评估结论和建议。第一批 8 个工具最终的评分在 8.26～8.70 分之间，达到了通过的标准，进入到正式的落地实践环节。

总结如意智能科技工具开发的实践，主要有三步策略。

第一步，确定开发途径和节奏。途径主要侧重对标、快速学习和试验。节奏方面采用三阶段节奏法，第一阶段先开发应对价值创造流程关键挑战和实现战略部署闭环的 8 个工具。第二阶段开发解决价值创造流程所有挑战的工具。第三阶段，开发管理赋能的领导力类工具。

第二步，确定工具的基本框架 5W1H，制定第一批 8 个工具的 5W1H 结构，并依据此结构通过对标学习的途径开发出这 8 个工具。

第三步，评审工具。建立适应性、充分性、有效性的评估标准和多元化的评审团队。依据评审标准，经过几轮的评审和改进，最终 8 个工具通过了评审，进入到正式的落地实践环节。

关键要点

（1）社会系统为了保证其本身的存在、持续及有效性，必须满足 AGIL 的功能。

（2）亚马逊管理体系的精妙之处，就是契合，其与创始人的创业初心，与企业的使命、愿景及发展战略都高度匹配。

（3）随着产品组合的进化，DBS 也在持续进化。

（4）真正的价值在于，运用 DBS 所积累的经验能让他们的领导者理解 DBS 系统的软性要素和硬性要素之间的相互关联。

（5）由于企业的目的是创造顾客，所以任何企业都有两个基本功能，而且也只有这两个基本功能，即营销和创新。

（6）按照客户价值创造的主流程构建公司的管理体系。

第 5 章 ◀ CHAPTER 5

如何实施卓越运营管理体系

常识的道理、严格的实施!

——佚名

市场、公司、价值创造并购整合的方法。

——丹纳赫

痛点与挑战

麦肯锡在 2016 年 6 月发表的《中国的选择:抓住 5 万亿美元的生产力机遇》研究文章中指出,许多企业在推行自动化、能源提升项目和精益运营时步履维艰，最终效果难以令人满意。我们的结论和麦肯锡的研究类似，并且结论背后的原因也基本趋同。基于经验和洞察，企业在落地卓越运营管理体系的过程中，往往存在如图 5-1 所示的三方面的挑战：思维、能力、治理。

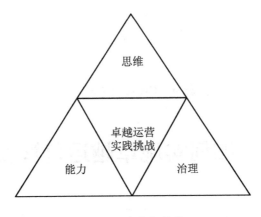

图 5-1　痛点与挑战

思维

专注卓越运营研究的机构 BTOES（Business Transformation & Operational Excellence World Summit）于 2021 年发布了一份研究报告，数据显示，53.1% 的受访者表示改变和改善公司文化是卓越运营所面临的最大的也是最关键的挑战。麦肯锡的研究也表明，改变观念和行为是精益运营需要首先解决的四个问题之一：如果员工不改变其工作方式，生产力提升举措就难以成功。正式的改变项目对管理者和雇员都十分重要，能帮助他们理解其观念和行为需要怎样改变，改变的重要性及其好处。部分的专家认为，"思维和文化会成为最大的挑战"有两大原因。其一，卓越运营在很多方面追求精细化管理，尤其对于习惯了"赚快钱"并有着"也许、大概、差不多"风格的员工而言，比较难以适应。

其二，卓越运营的有些方法和理念是反常识的，让人乍看之下，很难理解。以大野耐一在《丰田生产方式》的看板为例。看板的使用规则第一条是：后一道工序，要到前一道工序去领取产品。这是把事情倒过来看的思路，可以说它是一种超越常识或反常识的理念。因此，大野耐一经常强调丰田生产系统是一场思想革命。DBS 早期的专家阿特·伯恩（Art Byrne）分享过一个有关文化思维的有趣的故事。他刚开始在丹纳赫集团走精益之路时，有一次和另一位 DBS 专家乔治·科尼塞克（George Koenigsaecker），以及日本新技术咨询公司的总裁岩田佳树坐在一起。他们讨论了一个很简单的问题：丰田怎么会允许其他公司学习丰田生产系统 TPS 这样强大的战略性管理武器呢？盐田的回答发人深省：我可以教你丰田生产系统，我甚至可以切实地将这种方式展示给你看，但是我敢肯定你回去后做不到。岩田的观点在很多企业的实践中得到了验证。无法从思想意识层面变革，是大多数企业一开始就失败的原因。反之亦然，企业文化和领导力是实现卓越运营的关键。

能力

落地卓越运营管理体系的另一个挑战是如何为组织配置资源并培养掌握卓越运营管理工具的人才。宏观层面上，麦肯锡的研究表明，精益运营和六西格玛质量管理项目为全球企业广泛使用，往往能使不同行业生产力提升 10%～60%。这些方法对我国企业而言已不是新鲜事物，但由于实施方式不正确，效果极为有限。我国企业往往更关注技术工具，鲜有关注人力因素，比如帮助员工适应并熟悉新流程。微观而言，正如前文所述，丹纳赫已退休的执行副总裁史蒂夫·西姆斯在推行有机增长相关的工具时，问的两个问题之一：我们如何实现内部造血，最终能够自己领导这个有机增长的流程？这个问题本身就已经折射出了能力培养的重要性和挑战性。针对类似的挑战，麦肯锡给出的建议是：建立专家团队和转型工具是推进精益运营需首先解决的问题。因为实施精益管理需要专业人才，临时工并不能承担重任。同时，麦肯锡建议企业开发包括适当的信息系统在内的合适的工具，或在培训课程中使用改进项目的策略手册，以实现能力的提升。

治理

治理指的是为了推行卓越运营而给予的足够的资源和授权。在实际工作中，导致精益类卓越运营管理推不动的原因往往是资源和授权不够。DBS 在中国区推行的早期也遇到过类似的问题。据说，早期负责 DBS 推行的专家因为授权不够推不动，准备离职。后来，有位集团的高管出面挽留并给了授权，才逐渐打开局面，取得了很好的成果。国内许多企业都在实施卓越运营管理体系，但遗憾的是，实施的过程中往往存在与治理相关的两个问题。第一个问题是，大部分企业因为认知不到位或定位的原因，"一把手"并没有亲自推动卓越运营，最终也难有战略成果。有人可能会质疑，"一把手"要负责的事情太多了，哪有时间和精力顾及这些呢？针对这个疑问，标杆企业的实践是最好的答案。无论是丰田的丰田章男，还是华为的任正非，以及丹纳赫的董事长和 CEO，他们都亲自宣传甚至实践其卓越运营管理体系。DBS 的专家在公开的沟通中，提到 DBS 成功的三个关键：第一是领导力、第二还是领导力、第三仍然是领导力。第二个问题是，负责日常推广卓越运营的团队资源配置不足，授权不够。正如著名教育学家陶行知的名言：行是知之始，知是行之成！基于标杆企业的实践，卓越运营在战略执行和人才培养方面已经取得了令人瞩目的成果。这给将要实施的企业的启示就是：卓越运营不是因为看见才相信，而是因为相信才看见。一旦认定卓越运营是战略执行的可持续竞争优势，企业家们就需要以大智慧和大格局投入其中（all in）。

落地的方法：3S 框架

为了有效应对以上三大痛点与挑战，更好地落地执行卓越运营管理体系，笔者借鉴麦肯锡 7S 组织能力分析模型，参考卓越运营企业的最佳实践，提炼了其中的关键要素，形成了 3S 的框架，如图 5-2 所示。

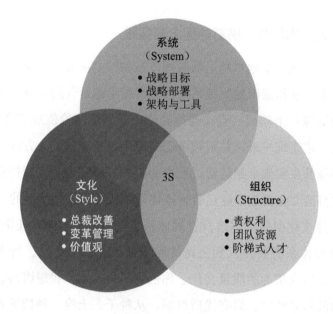

图 5-2　3S 框架

3S 框架同时也借鉴并融入了前面介绍过的两位 DBS 早期的专家阿特·伯恩和乔治·科尼塞克的观点。阿特·伯恩提出了成功实现精益转型的三条管理原则：精益是战略，精益要从高层做起，实现对人的转变。乔治·科尼塞克非常较真地（有人认为较真是从事卓越运营必备的特质之一）研究并提炼出了成功实现精益转型的三项关键领导行为，即推动持续改善、推动指导和学习、推动严格执行。这三项行为是基于乔治多年来和丰田、丹纳赫、线模公司等成功实现精益转型企业的资深领导人反馈和讨论，并以此为基础，最终由一群具备 15 年精益旅程经历的 CEO 们所提炼出来的。相信这些原则和行为对于构建 3S 框架有着很好的借鉴和参考价值。

总体而言，卓越运营管理体系的落地需要文化（Style）、组织（Structure）、系统（System）这三方面相辅相成、互为支撑，以下标杆企业的理念与实践较好地印证了 3S 框架。

文化：华为、丰田与丹纳赫的理念与实践

如前文所述，落地卓越运营管理体系的三大挑战之一是思维。文化是改变员工思维和意识的关键举措，是实施卓越运营的关键。文化在此处的内涵更像一个动词，意味着落实冰山模型里的价值观和文化理念。唯有如此，才能统一语言并引领员工的思维、意识和行为方式。这有助于减少和降低在实施卓越运营过程中的阻力。研究表明，标杆企业基本都是通过打造文化促进卓越运营管理体系的持续实施和落地的。

华为是文化引领卓越运营管理体系实施的典型案例。任正非指出：大质量管理体系需要介入到公司的思想建设、哲学建设、管理理论建设等方面，形成华为的质量文化。你们讲了很多术，我想讲讲道。你们看，法国波尔多产区，只有优质红酒，从种子、土壤、种植等各个方面形成了一套完整的文化。这就是产品文化，没有这种文化就不可能有好产品。

因此，相较于前文中提到的冰山模型的内涵与 AGIL 里面的维持潜在模式，本章节侧重探讨如何打造文化，以支撑卓越运营管理体系落地和实施。关于如何打造文化，企业文化之父沙因已经给出了部分答案：不需要为了文化而文化，首先把精力集中于解决业务挑战。以沙因的这个答案作为指引，结合标杆公司的优秀实践，笔者认为，文化包含三大关键要点：总裁改善、变革管理与价值观。

1. 总裁改善

DBS 早期的专家阿特·伯恩提出了精益管理的三大原则，其中之一是精益要从高层做起。这是伯恩根据丹纳赫集团的 8 个不同业务公司精益化的亲身经历的总结。他提出，把某组织转变成精益组织的唯一有效做法是 CEO 要亲自领导最初的改善活动。没有这样做，正是大多数公司一开始就失败的原因所在。

阿特·伯恩认为，总裁改善是促进人们思想产生变化的传递装置。这项改革要求所有丹纳赫所属公司的总裁和经营副总裁，每 6 周要亲自参加一个为期 3 天的改善活动（伯恩后来建议小型企业的 CEO 达到一年 6 到 8 次的频率，20 亿美元以上规模企业的 CEO 达到一个季度一次的频率）。他们要亲自搬机器，而且往往这是他们第一次了解了关于生产车间、订货和生产计划的真实情况。亨尼西工业公司曾是丹纳赫的一个下属公司，他们的前任经营副总裁罗恩·希克斯就是通过在"总裁改善"活动中的亲身体验转变为了精益思想家。罗恩·希克斯后来在兰开公司（Lantech）推行卓越运营以解决业务面临的痛点，在 3～4 年之间实现了产品开发时间从 3～4 年降低到 1 年，产品工时降低 50%，供货时间从 4～20 周降低到 1～4 周，市场占有率从 38% 提升到 50%，从亏损转变为盈利。

正因为总裁改善促进了人们思想产生变化并产生了优良的业绩收益，丹纳赫也将这一实践保持至今。

2. 变革管理

大野耐一认为丰田生产系统是一场思想革命。但革命可不是请客吃饭，需要实现对人的转变。

《精益思想》的实践案例中，阿特·伯恩在 1991 年加入销售额下降并且几乎没有利润的线模公司。阿特·伯恩经过多年创建精益组织的实践，判断出大约会有 10% 的线模公司管理人员不能接受新的做法。他必须让这些"钉子户"到别处去另找工作，要是留着这些人，整个战役就会失败。因此，他拟订了一个裁员清单，完成裁员工作以后，召开了全体工作人员会议，并宣布没有人会因为马上要开始的改善活动而失去工作。这一变革辅以其他的手段，逐步实现了对人的转变，转变了员工的思维和意识。变革最终帮助线模公司取得了卓越的成果。

丹纳赫针对收购的公司也会推动 DBS 相关的变革。前执行副总裁丹·科马斯在访谈中谈到，丹纳赫会评估被收购公司的管理团队是否认可其卓越运营管理体系 DBS。如果感觉到无法和管理团队合作，丹纳赫将不会继续进行并购交易。一旦收购完成，平均而言，丹纳赫会撤换掉公司管理团队成员的 20%～30%。

阿特·伯恩在线模公司的卓越运营转型案例，以及丹纳赫在收购后推动变革的实践，表明有效的变革管理是转变员工思维和意识的关键。

3. 价值观

这里的价值观，与冰山模型的内涵、AGIL 里面的维持潜在模式既有共同点也有区别。共同点是内容是一致的，区别在于此处关注的是如何将价值观落地，而不仅仅再是一个理念和口号。

阿特·伯恩在线模公司推行精益管理时，与人力资源团队一起制定了线模公司的七项行为守则（类似价值观）和新的激励方案，以转变员工的行为。其中有三项行为守则和推动精益转型相关，守则中的"信守承诺"指的是要及时完成改善活动中的后续工作。而"尽到个人责任"的意思是实施精益需要团队协作，没有人可以落后。"多问为什么"指的是期待每个人都能挑战常规观念，这样才能超越现有阶段，进一步提高。这些行为守则结合相应的激励措施逐步转变了员工的行为，最后也营造了良好的改善氛围。员工分享线模公司的利润占比从 1990 年占工资的 1.2%，增加到 1995 年的 7.8%。这种行为转变和激励机制促进，对线模公司精益转型起到了至关重要的影响。线模公司在 5 年的精益转型时间实现了如下改善成果：销售收入增加了 150%，人均销售额增加了 111%，经营利润增加了 500%，生产交付时间从 4～6 周降低到 1～2 天，库存周转数从 3.4 提升到 15，产品开发时间从 3 年降低到 3～6 个月。2000 年，线模公司被罗格朗（Legrand）以 7.7 亿美元收购，相较于阿特·伯恩在 1991 年加入时的 3000 万美元的估值，9 年时间增长了 24 倍。

阿特·伯恩在线模公司引导员工行为的本质其实就是塑造价值观。丹纳赫的做法也基本一致。其前 CEO 劳伦斯·卡尔普在一次访谈中指出，DBS 系统是自上而下贯穿组织的，管理团队伴随着这一系统共同成长，它已深深扎根于公司的核心价值观中。公司的管理人员，若不以符合 DBS 系统的方式创造业绩，那他们创造的业绩不会被完全认可。作为一个管理人员，如果完成了指标，却置核心价值观于不顾，且不能确保其在公司内有一支优秀的团队，或如果他并非本着客户至上的原则，公司会认为尽管这些指标完成得不错，但是担心这样的业绩将无法长期维持。如果员工仅仅靠完成指标而成长，而他的行为方式不符合公司的价值观，那么公司会认为这样的人最好还是去别的企业担任管理职务。同样，如果有人很努力地践行核心价值观，尽力用 DBS 工具来创造业绩，即便有一些业绩尚待提高，公司也会给这样的人更多的时间，因为他们对公司有文化认同感，公司也会与他们共同努力来帮助他们成功。

因此，丹纳赫的做法是直接建立"改善是我们生存之道"的核心价值观。为了更好地让全体员工践行这些价值观，它针对员工进行价值观和绩效双维度的评估，并将评估结果与薪酬和晋升挂钩。

如图 5-3 所示，在丹纳赫，良好的领导力取决于两方面：其一是绩效，也就是图中所示的 CVD（Core Value Driver，核心价值驱动，可以简单理解为战略目标）目标完成情况。其二是领导力评估，也就是与价值观相关的行为评估。报酬是基于 CVD 和领导力的综合考核来决定的，大概各占 50% 的权重，其中五大领导力评估之一是通过 DBS 领导（leads through DBS）。丹纳赫通过将 DBS 植入到文化和价值观的层面，借助良好的激励机制，使得 DBS 从 1987 年至今不断发展演化但仍然持续稳定地运行，并且逐渐变成了丹纳赫的可持续竞争优势。

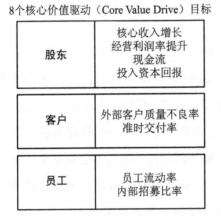

图 5-3　丹纳赫良好的领导力

资料来源：参考 Danaher 公开资料 DBS Overview 2018 整理。

将价值观纳入评价和考核并不仅仅只适用于丹纳赫。这种做法已经成为大多数标杆企业的普遍实践。

GE 在推动六西格玛的时候明文规定：如果不参加六西格玛，那就拿不到长期奖金的 40%，而且也不会有机会升到主管层或高级管理层。

总结一下文化模块的重点，以沙因的企业文化三层次理论为指引，通过总裁改善的方式推动解决业务的挑战，在此过程中针对遇到的阻力和障碍实施变革，让团队看到成果之后，将期待的行为植入到价值观中并针对价值观进行评估和考核。

组织：丹纳赫与创新领导力中心的理念与实践

组织在此处意味着设定卓越运营管理团队的责权利、配备资源、授权，目的是解决上述三大挑战中与治理和能力相关的问题。组织维度包含了三个方面。其一是责权利，明确推行卓越运营管理体系团队的责权利和汇报线。其二是团队和资源，为卓越运营管理体系团队配置资源，包含非常重要的 TPO 人选。其三是阶梯式人才，规划在实践卓越运营管理体系过程中的人才层级、并培养人才。前两个方面侧重解决痛点与挑战分析中治理层面的问题，第三个方面侧重改善痛点与挑战分析中暴露出来的能力问题。

1. 责权利

之所以提出责权利和汇报线是为了解决在痛点与挑战环节识别出来的与授权相关的治理问题。DBS 的建设和实施是在董事长的支持下 CEO 的主要职责之一，这也体现了阿特·伯恩提出的精益要从高层做起的原则。

丹纳赫曾在官网介绍董事长雷尔思兄弟史蒂文·雷尔斯（Steven Rales）和米切尔·雷尔斯（Mitchell Rales）时提出，他们的战略愿景和领导力帮助丹纳赫创建了 DBS。而丹纳赫过去三位 CEO 的任命，淋漓尽致地体现了 CEO 在 DBS 建设和落地中的角色和职责。2001 年 5 月 1 日，丹纳赫公布时任 CEO 乔治·谢尔曼退休，并任命劳伦斯·卡尔普为新的 CEO。董事长史蒂文·雷尔斯在任命中指出："他（劳伦斯）将继续发展我们的 DBS 文化和我们的核心价值观，丹纳赫这一过去、现在以及未来成功的基石。" 2014 年 9 月 2 日，丹纳赫公布托马斯·乔伊斯将接替劳伦斯·卡尔普成为公司新的 CEO。董事长史蒂文·雷尔斯则如此评价乔伊斯："他致力于我们的文化和 DBS。"任命书进一步指出乔伊斯在 DBS 方面是一位有经验的讲师和实践家，他在创建和不断发展 DBS 相关的工具和流程方面扮演了关键角色。2020 年 5 月 6 日，丹纳赫公布雷纳·布莱尔（Rainer Blair）将接替托马斯·乔伊斯作为公司新的总裁兼 CEO。时任 CEO 乔伊斯提到这一任命时说："布莱尔和我都拥有对于 DBS 这一丹纳赫文化和核心价值观的激情。"

丹纳赫将其卓越运营管理体系 DBS 定位为战略执行的可持续竞争优势，这一认知促使其董事长和 CEO 都全心投入在 DBS 上面。在日常工作中，丹纳赫成立了专门的部门 DBSO 来协助推动 DBS 的建设和落地，这位团队的负责人往往是副总裁或执行副总裁级别，并直接向 CEO 汇报。前文中提到的丹纳赫前执行副总裁、福迪威现任 CEO 就直接领导过 DBSO。正是拥有了足够的授权和领导力，DBS 也成就了今天的丹纳赫。

如果缺乏足够的授权和领导力，结果会如何呢？线模公司被收购后的结果很好地展示了缺乏足够的授权和领导力的后果。

线模公司在 2000 年被罗格朗收购。公司所有人对以往的精益改善根本不感兴趣。罗格朗没有认识到精益这一卓越运营管理体系的价值，其企业具有传统的批量生产的运营模式并且盛行多年。缺乏授权与支持的阿特·伯恩最终在 2002 年 8 月退休，随着其他的精益项目成员也逐渐退休，支持精益的领导力也逐渐丧失，最后北美地区最成功的精益实施案例之一就这样烟消云散。

可见，没有公司最高层的授权和支持，卓越运营管理体系很难成功实施和落地。成功之后，随着授权和支持的消失，经年累月努力的成果也可能在短时间内就消失。

2. 团队和资源

《精益思想》一书针对卓越运营的团队给出了建议：要建立一个促进机构，其中既要有能覆盖职能部门的专业角色，如工业工程、质量和维护部门的人员，也要有掌握精益等卓越运营知识的角色。借鉴以上的建议和实践，推行卓越运营需要配置好团队。这些团队类似丰田早期的OMCD（Operation Management Consulting Division，运营管理咨询部）、丹纳赫DBSO和阿特·伯恩在《精益转型行动指南》中提到的改善促进办公室，重点要考虑团队的规模和三个关键角色的设置。

团队的规模，根据部分专家的经验法则，在大型企业的卓越运营推进中应该设置由1%～3%的全职员工组成的推广团队。这1%～3%的员工是推动卓越运营至关重要的资源，他们往往是飞轮开始转动的第一步。DBS专家乔治·科尼塞克退休后，作为Watlow公司的董事会成员，运用3%的全职人员配置方针指导了Watlow公司的精益转型。Watlow公司全职的精益推进人员占比在2005年、2006年、2007年、2008年、2009年分别是1.4%、1.7%、2.3%、2.7%、3.1%。有了这样的资源加持，经过五年的努力，Watlow公司获得的成果如下：①安全，伤害率减少75%；②人才培养，超过75%的成员参加了至少一项自主实践活动，超过50%的人参加了两项或更多的活动；③质量，质量异常减少60%；④成本，生产率提高34%；⑤股东价值，收益增长70%，资产利用率增长20%。当然，企业在实践过程中，可以根据发展的节奏和具体的情形，如同Watlow一样，逐步来配置资源。

三个关键角色，即团队负责人、工具流程负责人（TPO）和各个业务部门负责推动卓越运营的人员。

首先，团队负责人，他是一位对卓越运营转型承担个人责任的领导者。按照《精益思想》的研究，没有哪一个经历了巨大而全面变革的组织不是由身居要职、脾气或温和或暴躁的人带领的。这个人有时候是比较专横的。例如丰田的大野耐一，线模公司的亚特·伯恩等。

其次，推行卓越运营的资源里面还需要包含一个重要的角色，即负责开发和落地工作方法的TPO。关于TPO人员的选择和任命，一些标杆企业如华为、京东和丹纳赫的做法值得借鉴。华为的每个一级流程都有一个GPO（Global Process Owner，全球流程负责人），这些GPO都是非常资深的管理人员。在京东，刘强东亲自开发了《五星自我管理法》的框架体系，从拼搏、价值、诚信、欲望、感恩五个方面，针对管培生培训，打造员工坚韧不拔、持之以恒的性格。刘强东也在扮演TPO的角色。同样，丹纳赫也任命了专门的TPO来主导工具的开发和部署。如前文所述的已退休的执行副总裁史蒂夫·西姆斯，就扮演着TPO的角色，负责开发促进有机增长的工具。前CEO劳伦斯·卡尔普也亲自给高管培训DBS工具。公司的资深人士担任TPO更有利于资源的协调、工具的开发和后续的推广落地。

最后，关键角色是各个业务部门负责推动卓越运营转型的人员。例如，丹纳赫的DBSL（Danaher Business System Leader，丹纳赫商业系统领导人）一般实线汇报给职能部门的最高主管，虚线接受所在区域DBSO的领导，协助部门推行DBS。

除了以上三个关键角色之外，还有一个重要的且有价值的可选资源。正如《精益思想》介绍，丹纳赫在早期引进精益理念和工具时，新技术公司的精益顾问是直接加入到其董事会的。这一举措的影响力和感召力不言而喻，也一定程度上促进了DBS的成功。也许正是有着这一优秀实践的指引，拥有DBS背景的专家纷纷加入被咨询企业的董事会，或者作为私募风投的合作人提供卓越运营转型的服务。又如，丹纳赫前CEO劳伦斯·卡尔普曾担任贝恩资本私募基金资深顾问和投资公司普徕仕（T.Rowe Price）的董事会成员，在成为GE的CEO之前，他也先加入了GE的董事会。DBS早期专家乔治·科尼塞克也是其所提供的精益转型服务的Watlow公司的董事会成员。另一位DBS早期专家阿特·伯恩则是加入一家私募股权公司担任运营合伙人。这种做法在2008年到2010年的经济衰退期间被证明是有价值的。国内知名的投资管理机构高瓴资本也聘请了 DBS 专家作为其运营合伙人，赋能其投资企业的卓越运营。

3. 阶梯式人才

根据痛点与挑战环节暴露出来的能力问题，标杆企业都在落地卓越运营管理体系的过程中逐步逐级培养掌握相关工具和方法的人才，实现内部造血。这也是 DBS 早期专家乔治·科尼塞克推崇的第二种领导行为，即推进指导和学习。但是，规模以上的企业，员工人数一般都在 100 人以上，人员众多且分布在不同的职能领域，而卓越运营管理体系的工具和方法也不少。因此，逐步培养阶梯式的人才是一个比较好的方式。

为了培养阶梯式的人才，华为和丹纳赫等标杆企业，基本都是基于创新领导力中心的两位专家于 1980 年左右提出的 70-20-10 模型来开展的，即员工的成长要素中，10% 来源于正式的培训，20% 来源于与他人沟通学习等辅导，更重要的 70% 来源于实践。华为在 Hay 咨询公司的协助下，自 2005～2006 年共培养了 2000 名管理者，有效支撑了华为公司后续几年的发展。丹纳赫系统化地采用 70-20-10 的模型培养了具备 DBS 理念和方法的人才。以高管人才培养为例，其 70-20-10 模型如图 5-4 所示。10% 的培训环节包含了情境领导力，总经理培养项目，丹纳赫领导力项目等正式的课程培训。20% 的辅导环节则侧重于高管的辅导与导师带教。70% 着重于让受训人员承担挑战性的角色，在操盘具体业务的过程中学习与成长。

关键的高管人员，在 70-20-10 框架下，在 8～12 周内，学习 DBS 工具和方法并参与以实践 DBS 工具和方法为目的的改善活动。这些项目包含参观学习标杆工厂、课堂培训、现场改善和亲自实践等。这一过程不仅要求受训人员产出业务结果，更重要的是践行了核心价值观并展示了良好的领导力行为。

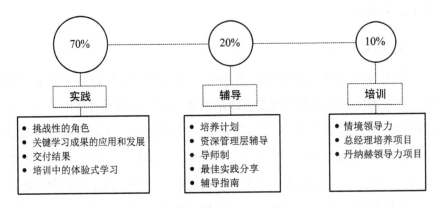

图 5-4 丹纳赫的 70-20-10

资料来源：参考 Danaher 公开资料 DBS Overview 2018 整理。

丹纳赫前任 CEO 劳伦斯·卡尔普是这个人才培养模型所造就的典型。劳伦斯于 1990 年加入丹纳赫，历任市场、销售、管理等岗位，在丹纳赫下属的工厂工作期间，被派到日本制造空调的精益工厂学习了一周。他在 2000 年被任命为 COO 首席运营官。任命的文件中特别提到劳伦斯满怀激情地执行丹纳赫 DBS。在 2001 年被任命为 CEO 时，他特别感谢了前任 CEO 乔治·谢尔曼的认可和辅导。此外，他在日常工作中也会亲自教授包含战略部署在内的 DBS 课程。当他于 2014 年退休时，他任期内丹纳赫的销售额增长了 5 倍，市值增长到 500 亿美元。如前文所述，劳伦斯于 2018 年成为 GE 的董事长，同时也是 GE 历史上首位空降的 CEO。GE 在针对他的任命中特别提到了劳伦斯推动了为丹纳赫创造优异的运营绩效和价值的 DBS，这一运营哲学和工具的发展。显而易见，GE 认可 DBS 在人才培养中的重要价值。如果探究劳伦斯职业成功背后的秘诀，会发现他在成为 CEO 之前承担了非常多的逐级提升的挑战性的角色并亲自实践，包含 2011 年主导了丹纳赫历史上最大的并购——贝克曼的收购。总结他的职业履历，一定程度上反映出70-20-10模型的威力和价值。

劳伦斯的成功是耀眼的。但是，毕竟企业很难将每一位员工都培养成为CEO，也很难让每一位员工在各种工具的掌握程度上达到完全一致。考虑到时间和资源的限制，针对人才分层分级是一个有着现实意义的方法。丹纳赫针对其DBS人才也进行了等级的划分，大概包含3～5个层级。

总结组织维度的重点，卓越运营管理作为战略执行的可持续竞争优势，应该是"一把手"工程。以此认知为基础，基于经验法则，逐步配置1%～3%的人员，其中包含任命各个工具的TPO，逐步在各个部门引入全职的推行卓越运营的人员。必要时，在董事会引入外部的卓越运营专家来保驾护航。以这些资源撬动飞轮，在解决业务挑战的过程中应用70-20-10法则逐步培养各个层级的卓越运营人才，最终实现内部造血。

系统：丹纳赫的实践

除了文化和组织层面的因素，落地卓越运营管理体系的另外一个关键是如何以系统化的方式实施。面对如此多的问题与挑战，手上握着众多的管理工具，主轴是什么？优先顺序如何安排？怎样才能以纲举目张的方式将工具系统化地串起来促进战略执行？其中的关键是契合战略目标，实现战略执行的闭环。在此基础之上，根据实际情况酌情引入相应的工具，必要时，调整或优化其架构和相应的工具。

正如AGIL模型中的分析，DBS服务的是8个战略目标（CVD目标），这既是DBS落地的出发点，也是衡量DBS成果的终点。通俗来说，有什么样的战略目标，就应选取能更好地改善这一目标的相应的DBS工具，然后严格地实施。

DBS 有如此多的工具，如何以一个主轴协调好这些工具从而更系统更聚焦地将战略转化为执行呢？正如前 CEO 劳伦斯·卡尔普在一次访谈中所说：如果只有一个 DBS 工具可以使用，那一定是战略部署（Policy Deployment）。这里的关键点是运用战略部署这个工具推进严格的执行，促进战略的落地并闭环。需要强调的是，偏宏观而言，整个 DBS 都在帮助公司实现战略执行；不过从更微观的视角，战略部署是狭义层面的战略执行工具。因此，笔者这里重点讨论如何实现战略部署的闭环。

图 5-5 展示了战略部署的闭环管理流程，丹纳赫用来推动年度绩效的改善实现战略目标的突破，总共包含七步。第一步，制定 3~5 年的战略目标。第二步，在此基础上制定年度的战略目标，一般是完成 3~5 年目标的 50%。第三步，运用鱼骨图和 5 Why 分析等方法将战略目标解码为优先的改善措施。这些改善措施是一些能在接下来 3~5 年改变业界游戏规则的突破性的、变革性的举措，并且往往也是针对流程的。这种针对流程的做法比较容易实现内部造血，并在组织内部培养改善文化。第四步，针对这些和流程相关的优先改善措施，识别出相应的衡量指标和需要的资源。指标以与上述流程相关的引领性指标为佳；资源从优先的改善措施中识别而来。而优先的改善措施是从战略目标解码而来。这样就实现了战略决定优先的改善措施，优先的改善措施决定资源分配。在这一点上，华为的实践非常相似，华为是按照"战略计划—项目—预算"的逻辑建立预算分配机制，以促使作战部门和功能部门围绕公司的战略来规划重大的客户、研发和变革项目，逐步形成资源向战略领域和优质客户倾斜的机制。第五步，具体的落地实践环节。关键是运用 DBS 工具去完成优先的改善措施，并确定哪些 DBS 工具能更好地改善这些流程。第六步，衡量与评价进展。频率大部分是月度的，但越靠近现场和一线，频率可能变成每周或者每天。衡量的指标可能存在滞

后性或者引领性，或者两者兼而有之。第七步，针对定期衡量与评价的结果发现差距，并采用问题解决的流程（另外一个 DBS 工具）来弥补差距。以上是战略部署的七个关键流程。

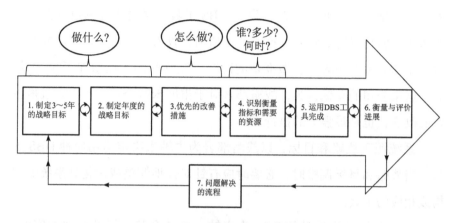

图 5-5　战略部署的闭环管理流程

资料来源：参考 Danaher 公开资料 DBS Overview 2018 整理。

根据不同业务的不同的目标和痛点，决定采用的 DBS 工具也有所区别的。正如其前任 CEO 托马斯·乔伊斯在公开的资料中介绍，丹纳赫依据以上的流程以深思熟虑的、特定的、定制化的方式在每一个运营公司（丹纳赫一般把收购进来的公司称之为运营公司）应用 DBS。通过这个流程，各个运营公司也能更好地制定年度路线，包含在哪里能最好地运用 DBS 工具、怎样运用、如何配置相应资源、如何衡量 DBS 工具在每一步的影响等。总而言之，DBS 工具不会以同样的方式在每个运营公司进行部署和应用，它采取的是定制化的方法，有针对性地在业务领域应用 DBS 工具。但是，指导原则仍然是运用 DBS 的方法去达成目标。

一个典型的案例佐证了以战略部署牵引 DBS 改善活动的好处。2005 年左右，丹纳赫收购了雷度米特公司（Radiometer），这家公司曾经使用平衡计分卡来改善战略执行。以前他们的战略计划对于一些员工是严格保密的，因此很难落实和执行。被并购之后，丹纳赫快速实施了战略部署，与以往不同的是，战略部署公开张贴在 CEO 的办公室外、餐厅等地方。此外，公司针对识别出来的需要改变的流程，有针对性地引入了价值销售和加速产品开发等 DBS 工具。尽管实施的过程并非一帆风顺，但在坚持 3 年后，这家公司的销售收入有所增长，在研发费用增加了 2% 为未来的增长做准备的同时，经营利润率还增加了 4%。最后，这家公司的总裁认为，战略部署对于雷度米特公司是最大并且最重要的改变，也是最强大的执行工具。

系统源于战略和目标，以战略部署为主轴来决定运用何种 DBS 工具。当战略和目标调整时，必要时应有针对性地调整或优化其系统的架构或相应的工具。

以上分析以丹纳赫的 DBS 为主轴，并结合其他标杆公司的实践，剖析了卓越运营管理体系落地执行的 3S 框架，包含文化、组织和系统三个维度。不同公司在落地实施卓越运营管理的不同阶段时，都需要兼顾和平衡这三个维度。唯一区别可能在于对于每一个维度拿捏的尺度。

丹纳赫前 CEO 托马斯·乔伊斯在 2018 年投资人分析师会议上的这句话道出了卓越运营管理体系落地实践最核心的本质：如果用一个最简单的框架来描述 DBS，那就是常识的道理、严格的实施（common sense, rigorously applied）。据说，杰克·韦尔奇在一次分享会上，有人反馈：杰克，你所说的我们都知道啊。杰克·韦尔奇回复他：你们是知道了，而我们是做到了。

管理是一种实践，其本质不在于知而在于行。实际上，许多专业人士都持有这样的观点。DBS 的工具和方法不一定是最优秀、最全面的，但丹纳赫却是将这些常识的道理严格的实施的典范。同样，华为的卓越运营管理体系之所以令人瞩目，大部分原因是任正非要求华为人先僵化地学习 IBM 等知名咨询公司的方法论，甚至不惜削足适履地执行。所以，如果用一句话总结卓越运营管理体系的落地原则，那就是常识的道理，严格的实施。

3S框架的案例：GE

在开始探讨GE的3S案例之前，需要澄清两点。其一，GE内部没有3S框架。GE的案例是用来检验3S框架的。其二，之所以选择GE，是因为GE现任的CEO劳伦斯·卡尔普是丹纳赫的前任CEO。如今，劳伦斯正在GE大力推行类似DBS的卓越运营管理，他们称之为精益。所以，研究GE如何推行精益有很强的借鉴和指导意义。图5-6所示的3S，主要结论基于GE对外公开发表的数据和资料，它基本上契合了上述3S框架的内容。

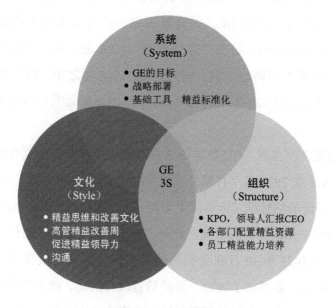

图5-6 GE 3S框架

资料来源：参考GE公开资料和3S框架整理。

文化

在文化的环节，GE 通过多种途径来宣传和强调精益文化的重要性。此外，高管领导人以身作则参与改善活动进一步夯实了精益文化。

持续宣传和强调精益思维和改善文化。GE 的 CEO 劳伦斯在 2019 年 7 月第二季度财报会议中提出了当年下半年的 6 大重要举措。其中之一是通过运营回顾和聚焦日常管理，逐步灌输严谨的精益思维（Instilling rigor & lean mindset through operating reviews & daily management focus）。在 2020 年第四季度财报会议上，劳伦斯再次强调了维持精益行动将推动绩效改善和文化的改变。在 2021 年致股东的信中，劳伦斯指出：GE 变得更强大，更以客户为中心，GE 正在打造一个将安全放在首要位置并且以精益为核心的文化。GE 将采用精益，以不同的方式经营 GE，关键案例之一是将改善和战略部署（GE 称之为 Hoshin Kanri，日文"方针管理"的意思，和丹纳赫的 Policy Deployment 基本相同的工具）嵌入到 GE 的文化之中。以上的这一切都表明，文化对于 GE 实施精益（GE 版本的卓越运营管理体系）的重要性。

高管精益改善周（GE 版本的总裁改善），是 GE 打造文化的重点举措之一。GE 在 2019 年 7 月第二季度财报会议上特别介绍了 100 位 GE 领导者在美国的格林维尔市参加了为期一周的 Lean Action Workout（类似丹纳赫的总裁改善）的情况。此外，在 2021 年致股东的信中，劳伦斯提到他于 2021 年 10 月在美国马萨诸塞州林恩市，最接近一线的地方，和工人们一起参加了为期一周的精益改善活动，改善活动的任务之一是提升影响到客户交付的军用引擎的首次产出率，最终在改善了焊接和质量检验流程之后，首次产出率从 59% 提升到了 99%。这种 CEO 和

高管亲自参与的精益改善周对于在 GE 内部促进精益领导力是至关重要的。[注]

组织

GE 在推行精益时与组织相关的内容包含打造精益团队以及培养员工与精益相关的能力。

首先，任命莫尼什·帕托拉瓦拉（Monish Patolawala）作为运营转型的负责人（Operational Transformation Champion）推动精益管理，直接汇报给 CEO 劳伦斯。同时成立改善促进办公室，并在各个利润中心配置推动精益的相关人员，并计划于 2021～2022 年期间在 GE 全公司各个职能部门配备推行精益相关的资源。

其次，于 2023～2024 年间进一步促进精益领导力，并提拔精益相关的领导。

最后，在推行精益的过程中通过培训和改善项目来培养员工的能力。以 2021 年为例，GE 全年有 10 万名员工通过参与精益课程的学习解锁了新的技能。

通过以上方式，GE 较好地支撑了其精益管理体系的有效运行。

系统

如图 5-10 的右侧所示，GE 的精益管理体系所服务的战略目标聚焦于客户，安全、质量、交付与成本，运营资金和自由现金流，基于精益改善的销售增长和利润。这些目标基本涵盖了员工、客户和股东这三个方面。

精益改善始于这些战略目标，但是如何有条不紊地推动目标的改

[注] GE 的 CEO 劳伦斯在给股东的信这么重要的平台提到他参与了精益改善活动，这本身想传递的目的及其价值，值得好好琢磨。国内许多实施诸如精益之类卓越运营的企业的领导者和高管是"不屑于"参加这种改善活动的，GE 如此规模和知名度公司的 CEO 都能亲自参加精益改善，值得我们国内企业借鉴。

善和精益工具的落地呢？GE采用战略部署（Hoshin Kanri）工具和业务部门进行战略回顾与复盘，然后根据需要引入一些适合各个业务部门的工具，从战略落地的层面协调精益的推行。例如，在GE医疗运用价值流改善开票流程，结合自动化更好地管理开票流程，降低了5天的开票时间。在前文所述格林维尔的精益改善周期间，将15台机器和6个独立的流程连接在一起，将在制品库存从1200降低到65。在数字电网（Digital Grid）部门，采用问题解决的流程，目视化日常管理，降低了25%的质量缺陷并由此提升了60%的经营利润。

通过战略部署协调各个精益工具的落地实践，GE逐步在内部实现了精益的标准化。

以上是运用3S框架针对GE的精益转型进行的初步分析，根据GE 2021年财报数据，分布在全球170国家的16.8万名GE员工贡献了742亿美元的销售收入。管理如此庞大的组织，实现精益的转型是一个巨大的挑战，不是一朝一夕能完成的。所以，GE采取了三个阶段的方式来落地精益。

如图5-7所示，精益转型的三个阶段包含建立基础、扩展实践、大范围采用，为期5～6年的时间。

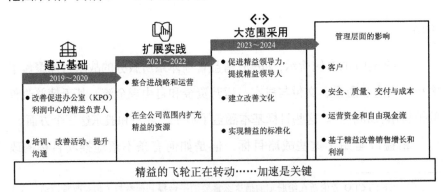

图5-7　GE转型路线图

资料来源：参考GE公开的公司介绍资料整理。

第一阶段，2019~2020年，建立基础。关键的里程碑包含成立改善促进办公室并任命负责人，其直接汇报给CEO，全职协助CEO推动精益转型。在收入中心和利润中心等部门配置推行精益的资源。此外，通过前文所述的培训、改善活动并不断提升沟通，营造氛围，建立精益转型的基础。

第二阶段，2021~2022年，扩展实践。侧重将精益整合进战略和运营，并在全公司范围内扩充精益的资源。

第三阶段，2023~2024年，大范围采用。侧重通过提拔在精益转型方面表现良好的领导人来促进精益领导力，逐步建立起改善文化，并在全公司范围内实现精益的标准化。

以上的时间规划和《精益思想》里面那些标杆公司实现精益转型的时间，即3~5年的时间实现转型，基本一致，和丹纳赫针对收购公司的转型三阶段在底层逻辑上有许多相似之处。

劳伦斯亲自领导下的GE，精益转型成果如何呢？两方面的反馈表明转型成果可圈可点。其一来源于外部评价，2020年8月CNN Business专栏有文章指出，劳伦斯已经拯救了GE，并且GE董事会将其劳动合同延长到2024年，同时如果劳伦斯能将GE的股价增长2.5倍，将给予其2.3亿美元的报酬。其二，从财务数据上看，2021年GE第四季度的季报数据是一个缩影。2021年年报特别提到精益活动改善了安全、质量、交付、成本和现金，团队采用精益至少降低了3亿美元的库存，并将改善得来的现金流投资于业务的增长。此外，运营改善和严格的执行为GE贡献了6.8%的利润率和58亿美元的自由现金流。

GE的实践案例大体上契合了3S的框架。由于所获取的信息和资料的限制，有些内容暂时无法深入延展，但是，正如其年报的介绍，运营改善和严格的执行是取得成功的关键。

3S 框架的实践：如意智能科技

如意智能科技在建立了卓越运营管理体系 JBS 之后，对标标杆企业的实践，建立了如图 5-8 所示的 3S 框架，并以此框架指导 JBS 的落地执行。

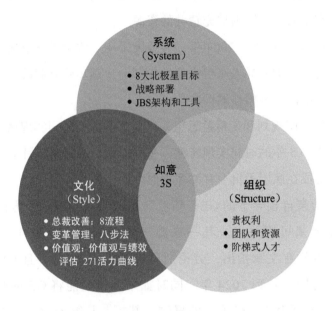

图 5-8　如意智能科技 3S 框架

文化

以前文中文化三层次的规划为指引，借鉴标杆公司的实践，如意智能科技决定通过总裁改善、变革管理和价值观三个方面来建设支撑 JBS 落地的改善文化。

1. 总裁改善

如意智能科技建立了如图 5-9 所示的总裁改善流程——PDCA。借鉴伯恩的经验，在咨询公司的辅导下，CEO以身作则带领全体高管团队成员和员工一起参与了每年两次的总裁改善活动。改善项目基于以客户为中心的理念，重点针对价值创造主流程，通过战略部署、目视化日常管理和价值流诊断出相应的改善机会。总裁改善流程的4个阶段8个步骤，历时4个月左右。

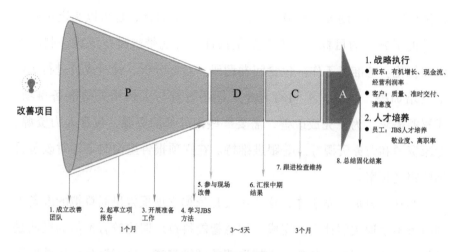

图 5-9　如意智能科技改善流程

（1）P阶段，策划阶段。首先，成立专门的改善团队，成员一般为8～10人，契合贝佐斯"两个比萨团队（Two-Pizza Team）"的作战理念。成员的特质符合自我实现的预言（类似亨利·福特的名言：无论你认为你行还是不行，你都是对的），即相信改善很难但是严格实施就一定能够成功。改善团队的组长由直接汇报给CEO的高管担任，组员涵盖与改善涉及的流程相关的员工，包含一线员工，以更好地践行现场主义的原则，同时避免群体思维。此外，为了更好地推进指导与学习，参考新技术公司辅导丹纳赫的方式，如意智能科技邀请了外部专家作为辅导老师来指导整个改善项目。

其次，组长领导团队成员一起起草改善项目的立项报告。总裁改善项目的立项报告需要经过 CEO 的批准才能实施，确保改善的项目与公司的战略、8 大北极星目标保持一致，做对的事情。改善项目的立项报告一般包括：①基本信息。包含改善主题、组长、目前面临的痛点与挑战，以及改善所影响的 8 大北极星目标（对于如意智能科技的 8 大北极星目标是否有帮助是判断立项与否的标准之一）。②改善目标和产出。目标可以直接采用 8 大北极星目标作为改善的目标，也可以制定更有针对性的引领性的目标；产出主要是预计改善能带来哪些流程、制度方面的优化。③准备工作。包含问卷调研、对标分析、针对成员进行 JBS 工具培训等，此外，不同的 JBS 工具还有着与工具相关的准备事项。④资源需求。为了完成改善，需要哪些内外部的资源，包含人力资源、专家资源和财务资源等。⑤跟进维持。在立项报告里面制定针对改善目标的跟进频率。

再次，开展准备工作，这个主要是依据立项报告里面草拟的准备事项有条不紊地按照计划来完成。如意智能科技反馈比较有价值的做法是到标杆公司参观并与其负责卓越运营的高管交流，这能够帮助改善团队成员开阔视野和眼界。

P 阶段最后的一环是学习 JBS 方法。这是基于准备工作的一个环节，单独提出来是为了凸显其重要性。如意智能科技举办了高管训练营，邀请外部专家针对所有的高管和改善团队成员培训 JBS 工具和方法。高管训练营在一定程度上起到了快速统一语言和思想的好处。这也体现了 DBS 专家乔治·科尼塞克的观点——推进指导和学习。以上四个步骤大概历时 1 个月完成，借用一些精益专家的观点，改善成果 80% 取决于前期准备工作。如意智能科技的实践经验也证明了这一点。

（2）D 阶段，现场改善。之所以称之为现场改善，是因为卓越运营特别强调现场，所有的改善活动都需要在现场举行。所谓现场，就是价值创造的地方，就是工作实际开展的地方。参考标杆公司的实践，如意智能科技的现场改善一般需要 3～5 天，需要所有改善团队成员全部脱产参加。在此期间，专家作为辅导老师指导团队成员将所学习的 JBS 工具和方法应用到具体的改善项目之中以改善具体的业务问题。总裁每天轮流参与每个项目的进展讨论，及时提供领导力和资源协助。现场改善的最后一天，每个改善团队的所有成员要一起汇报自己团队项目的中期成果。汇报要点包含阶段性成果、对于所学习的 JBS 工具的运用、下一步的行动计划，以及需要沟通和协调的事项等。因为是全体改善成员一起汇报，这也是一个评估成员是否掌握了相应的 JBS 工具的好机会。

（3）C 阶段，检查维持。这个阶段由组长主导，以定期的频率（一般是每周）跟进改善目标的达成情况和行动计划的进展。为了营造更好的参与度和责任感，每位改善团队成员轮流主持定期的跟进会议。此外，辅导老师也定期参与跟进维持，给予团队辅导。必要的时候，团队可以追加现场改善活动以确保改善目标的达成。这个阶段一般为期 3 个月，部分改善项目依据对策落地产生效果时间的不同，可以适当延长。

（4）A 阶段，总结固化。这个阶段，依据 5W1H 拟订的柯氏四级评估模式对每个 JBS 工具进行效果评估。改善团队将产生良好效果的流程、机制等标准化并建立相应的书面文件。适合的情况下，将这些流程固化到如意智能科技的 OA、MRP、CRM 等 IT 系统。最后，针对优秀团队进行表彰、宣传并纳入价值观评估，进一步营造改善的文化和氛围。

如意智能科技在 2 年多的落地实践中，开展了 5 次总裁改善活动，成功完成了共计 26 个改善项目，解决了业务部门的问题与挑战，营造了良好的改善氛围。鉴于一次总裁改善覆盖的员工群体比较有限，如意智能科技决定拓展总裁改善的实践，将改善活动分为如图 5-10 所示的三类，让更多的员工参与到改善和消除浪费的活动之中。

图 5-10　如意智能科技的改善活动分类

最核心的仍然是总裁改善活动，用来改善公司级的目标和重大突破性事项。相对而言，参与的员工数量比较少。中间的是经营改善，中基层员工自发组织但不强求总裁参加的改善活动，用来改善部门和小团队的目标和痛点，参与的员工数量相对较多。最外围的是称之为 LIFE（Little Improvement From Everyone）的建议案活动，活动包含来自每一位员工的建议和想法，是全员参与的活动。这一做法很容易被忽视，但是运用得当却能产生巨大的效果。以丰田为例，1986 年，丰田收到 265 万件建议案，人均达到 48 件，95% 员工参加，96% 的建议被采纳。1989 年以来，丰田员工的合理化建议减少了企业数亿美元的成本，其中仅 1997 年就降低了 7200 万美元。

为了激励员工参与各个层级的改善活动，如意智能科技建立了一些激励措施，但更重要的是将其纳入价值观评估之中。

2. 变革管理

如意智能科技实施了总裁改善开启 JBS 的第一步，也初步建立了改善的思维和意识。但如前文所述，丹纳赫和线模公司变革的案例，变革阻力在任何实施卓越运营转型的组织和企业中都切实存在。如意智能科技在总裁改善期间就感受到了变革的阻力。在咨询公司的协助下，他们建立了如图 5-11 所示的管理变革的模型。此模型以库尔特·卢因力场分析理论为基础，即为了推动变革，变革驱动力必须超过变革阻力（制约力），从而打破平衡。变革阻力分为个体阻力和组织阻力，变革八步流程和八种策略则是推动变革的驱动力。

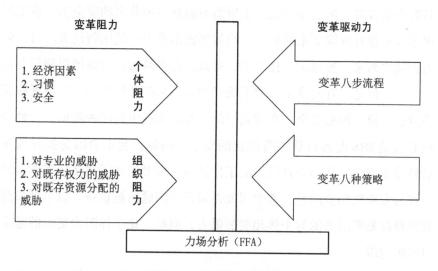

图 5-11 管理变革的模型

资料来源：借鉴专家观点结合如意智能科技的现状整理。

（1）变革的六种阻力。

依据专家的观点，变革阻力往往分为个体阻力和组织阻力。在推动 JBS 的过程中，如意智能科技也面临这两大类的阻力，感受最深刻的是下面的六种阻力：①经济因素；②习惯；③安全；④对专业的威胁；

⑤对既存权力的威胁；⑥对既存资源分配的威胁。其中前三种属于个体阻力，后三种属于组织阻力。

个体阻力层面，排名前三的分别是经济因素、习惯和安全。第一是经济因素，是影响员工收入和报酬的因素。如同总裁改善中介绍的那样，落地JBS的关键途径之一是成立改善项目，采取相应的JBS工具来改善与8大北极星相关的目标。当改善项目的目标与员工的收入并不直接相关时，就会影响员工的积极性。例如，有的改善项目的目标是提升新客户数量，但是考核员工收入的目标是销售额。在时间精力有限的情况，这就产生了冲突，员工宁愿花时间挖老客户、抓大订单，而舍弃新客户的开发。第二是习惯，正所谓习惯是一种莫名的安全感。员工习惯了经年累月沉淀下来的做法，当需要做出改变，使用新的方法时，阻力就随之而来。勤拜访、狂下单、有效的客户拜访是提高销售额很有效的方法。但是，有些员工习惯了通过做客情来提升销售额，就会抵触客户拜访。第三种是安全，在如意智能科技的实践中有两种类型，一种是担心实施JBS改善以后本身职位的安全。例如，会不会因为提升效率后精简了岗位，从而令自己失去工作机会，或者增加了更多的工作。另一种与安全感相关的是，害怕因改善暴露出问题而被责备。以上是如意智能科技暴露出来的与个体相关的阻力，但是，比个体阻力更大的是来自组织的阻力。

组织阻力层面，排名前三的分别是对专业的威胁、对既存权力的威胁、对既存资源分配的威胁。这种阻力在内部人员推动JBS时表现得尤为明显，一定程度上是因为，其他人员感受到自己的专业性、权力、资源的分配受到了挑战和威胁。这种三种威胁往往夹杂在一起，并且以很隐晦的方式展现出来。典型的情况是部分员工否定JBS工具和方法论本身，认为它们不适合公司。另外的情形就是为了否定JBS而否定。类似的情况，在标杆企业的实践中也曾经出现过。探究背后的原因会发现，因为推行新的 JBS 工具和方法，部分员工会解读为自己以前的做法不够好、不够专业，影响了这个群体在组织中的专业性、权威性，进而一定程度上威胁了其对资源的掌控和分配。

根据自身面临的阻力，为了消除和削弱以上阻力以达到更好地推动变革的目的，如意智能科技结合专家学者的研究、参考标杆公司的实践，建立并实践了推动变革的八步流程和八种策略。

（2）变革八步流程。

变革八步流程是为了系统化推动 JBS 变革而产生的流程，结合实际的情形包含如下流程。①制造紧迫感，如意智能科技其实不用刻意制造紧迫感，因为公司已经处于必须转型的关键期。如前文所述，财务层面，如意智能科技目前增长乏力，毛利率远低于标杆公司，处于亏损状态。客户层面，3% 的客户端质量缺陷率和 87% 的准时交付平均未达成目标。员工层面，52% 的流动率很大程度上影响了员工的士气。因此，CEO 通过员工大会，分享了公司目前面临的挑战，指出了推动卓越运营转型的紧迫性，期望全体员工能参与和支持，并正式启动卓越运营转型。这是一个强烈的信号，表示公司的卓越运营变革是认真和严肃的。②建立变革团队。为了支撑卓越运营转型，如意智能科技成立了直接汇报给 CEO 的 JBS 团队（将在组织维度具体介绍）。在具体的改善项目之中，则成立了专门的改善团队推动小型的变革。此外，考虑更多的员工参与是消除和弱化前三大组织阻力的很好的方法，如意智能科技决定由掌握资源和权力的高管担任 JBS 工具的 TPO，协助一起推动 JBS。③确定愿景与目标。在"成为最以客户为中心的卓越运营企业"的愿景引领下，JBS 的目的是改善 8 大北极星目标。微观层面而言，针对每一次的卓越运营的 JBS 改善项目，都制定了改善的立项报告并明确项目的目标和预计完成时间。④沟通愿景与目标。针对宏观层面的愿景和目标，除了通过全体员工的会议传达以外，另外采取微信公众号、CEO

邮件、员工访谈等途径持续不断的沟通，并分享公司内部的最佳实践。针对具体的改善项目，改善团队通过定期的内部会议、立项评审会议等方式让所有相关方充分了解相应的背景和目标。⑤扫除障碍并授权。考虑到可能出现的阻力，CEO在会议上明确指出，如果有员工不配合改善，一定会影响其收入、晋升甚至工作岗位。同时，公司也保证改善并不会导致工作岗位缩减，在行业长期发展趋势向好的背景下，这项承诺是可信的。⑥创造短期成果。公司启动总裁改善，最终降低了成本、提升了效率、优化了客户体验，并培养了掌握JBS工具的人才。这些成果虽然还有许多不足，但是营造了很好的改善氛围。⑦巩固成果并拓展。在第一次总裁改善取得初步成果之后，团队对总裁改善项目进行了总结，并将改善活动进行了分级处理，逐步引入经营改善和LIFE建议案等活动。此外，在改善案例的基础之上内化了部分JBS工具，并以开发的工具为基础，进一步推行了另外四次JBS改善活动，将JBS扩展到了更多的业务领域。⑧打造文化和价值观。基于总裁改善所产生的成果和氛围，团队将改善后的流程固化到IT系统，并依据冰山模型的内涵，逐步建立了支撑JBS的文化和价值观。

（3）变革八种策略。

以上是驱动变革的八步流程，其中融入为了推动变革使用的八种关键策略。①教育沟通。通过前文提到的采取多种途径频繁沟通和宣传JBS，让员工了解卓越运营转型的缘由的做法，有助于驱散怀疑、质疑和否定的情绪。这一定程度上降低了个体阻力中因为安全等原因造成的阻力。②参与。改善项目邀请高管、TPO和与流程相关的员工参与，这让他们产生了"我们一起玩"的主人翁意识。毕竟，每个人对于自己参与做出的变革决定有着本能的认同感。这一定程度上降低了组织阻力中涉及专业、权力、资源分配的等原因造成的阻力，对于推动变革是有帮助的。③选择接受变革的人。正如总裁改善流程中所介绍的，选择改善团队成员以及 JBS 团队成员重要的标准之一，就是认同 JBS 并符合自我实现特质。他们往往对于卓越运营有着一定的认同感。还有一类人员，就是对现状感觉到"痛"的人员，他们内心是非常渴望改变的。④强制。CEO 在会议上为扫除障碍所做的努力是一种强制性的策略，有利于降低个体和组织的阻力。⑤谈判。如意智能科技设立的总裁改善奖励，以及 JBS 的人才等级和晋升挂钩的方案（将在组织维度重点讨论）类似一种价值交换的谈判策略。这有利于降低个体阻力和组织阻力中涉及经济因素的阻力。⑥支持和承诺。通过给予员工培训，为 JBS 项目提供全程的辅导，这降低了与习惯、安全相关的阻力。⑦操纵和收买。这种策略比较理论化，如意智能科技并未按照教条来实施。公司关注的是不让谣言影响 JBS 的成果。⑧借助外部资源。邀请外部专家在总裁改善以及 JBS 转型过程中提供培训和指导。这是非常重要但也有争议的举措，单独说明如下。

参考标杆公司的实践，如意智能科技认为引入第三方专家资源对于消除组织阻力是一个很好的方法。公司招募专业人员来推动卓越运营转型，可能会让公司内部人员感受到来自专业性、权力、资源分配方面的挑战和威胁。这些专家是外部人员，不太可能会与现有的员工争夺权力、资源分配、奖金、晋升等，但引入第三方专家资源，会带来另外一个问题，内部人员会质疑：有了第三方专家资源还需要内部的全职推行卓越运营的人员吗？对于这种质疑，咨询顾问建议如意智能科技从如下三方面思考：其一，系统化地构建支撑公司战略执行和人才培养的卓越运营管理体系 JBS 需要博采众家所长。DBS 和华为的管理体系都是涵盖了公司经营管理的各个方面，都是借助多家咨询机构的专长建立起来的。这需要内部的专业人员根据公司的环境、战略、发展节奏做系统化串联。这如同每家咨询公司提供的是珍珠，内部专业人员更大的职责或价值是将珍珠串起来设计成符合公司气质的珍珠项链。两者是相辅相成的。其二，内部人员更熟悉公司内部的情况，便于实现内部造血。其三，聘请外部专家的重要目的之一是为了消除变革阻力，更好地推动卓越运营转型。所以，辩证地认知在外部专家支援下配置内部专业资源的价值是有效管理变革的前提。

3. 价值观

如前文所述，变革八步法的最后一步是将变革植根于规范与文化，参考标杆企业的实践，如意智能科技已经建立了三大核心价值观以支撑卓越运营，特别是"改善是我们的工作之道"这一价值观。为了将这些核心价值观落地，以夯实改善文化并消除和弱化变革中的阻力，如意智能科技决定采取绩效和价值观二维考核模式，如图5-12所示。

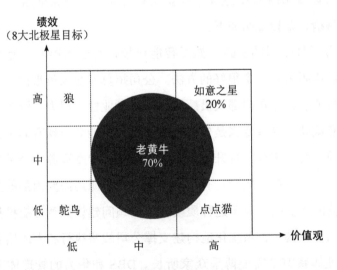

图 5-12　价值观与绩效评估矩阵

二维考核，纵轴是绩效维度，绩效维度依据如意智能科技的8大北极星目标，即员工、客户、股东相关的目标制定。横轴是价值观维度，包含客户第一、团队协作、改善是我们的工作之道。考核结果分为

5类：如意之星占比20%，老黄牛占比70%，余下的点点猫、鸵鸟、狼共占比10%。

针对考核的结果，如意智能科技借鉴了GE等标杆公司的实践[注]。GE前CEO杰克·韦尔奇在其著作《赢》中指出，价值观的清晰表述是重要的，但如果不能在实践中坚决贯彻，那也没多大用处。要想让价值观真的被大家重视，公司应该奖赏那些品行突出、实践了价值观的员工，而"处罚"那些与之相悖的人。这有助于企业的成功。正因为如此，GE在推行六西格玛时，就明文规定：如果不参加六西格玛，那就拿不到长期奖金的40%，而且也不会有机会升到主管层和高级管理层。

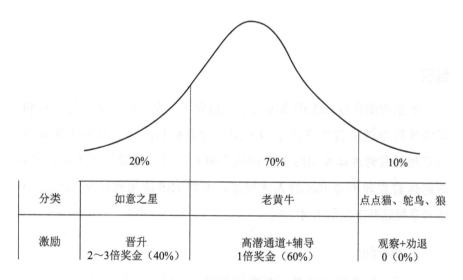

图5-13 如意智能科技活力曲线

参考以上的实践，如意智能科技建立如图5-13所示的活力曲线，价值观不达标的员工，不管其绩效是否高如狼或低如鸵鸟，都不应该继续留在公司。针对点点猫这些价值观符合但是业绩不达标的员工，如意

[注] 这些最佳实践已经被引入国内的许多企业，包含一些知名的互联网公司。

智能科技决定给这样的员工更多的时间。因为，他们对公司有文化认同感，公司会采取培训、绩效沟通与辅导以及调整岗位等多种途径来帮助他们成功。针对70%的老黄牛类型的员工，采用的管理方法是更多的培训教育、积极的反馈和有周全考虑的目标设定，他们一起分走奖金池里面60%的奖金。针对20%的如意之星员工则是大力提拔，并分走奖金池里面40%的奖金。

综上所述，如意智能科技以总裁改善活动为突破口，从顶层开始设计和管理卓越运营的变革，逐步建立起了支撑卓越运营落地实践的价值观。此外，如意智能科技借助文化三层次模型持续沟通和宣传JBS，营造了良好的改善文化。

组织

如意智能科技在组织维度的实践包含了三个方面：其一是责权利，设定推行卓越运营管理体系JBS团队的责权利。其二是团队和资源，为卓越运营管理体系JBS配置团队和资源。其三是阶梯式人才，规划卓越运营管理体系JBS的人才层级，并将JBS应用在战略执行之中，培养掌握这些工具的人才。

1. 责权利

为了有效落实JBS基于战略执行的可持续竞争优势这一定位，如意智能科技参考了丹纳赫和GE等标杆企业的实践，成立了JBSO，并依据责权利相一致的原则针对JBS团队设计了一个模型。明确责权利的目的是尽可能避免推行过程中因为责权利不匹配造成卓越运营无法有效落地的问题。这个模型以3S框架为逻辑构建，这样能更好地匹配前后的逻辑关系。模型包括如下内容。

（1）职责。JBS团队担负着以下三方面的职责：①文化，营造改善文化和氛围。这一点可能是最重要的职责，正所谓"文化能把战略当早餐吃"。丹纳赫和丰田的强大之处就在于营造了支撑卓越运营的改善文化。此外，这条职责也是为了维持卓越运营系统JBS并保持制度化。②系统，建设、落地与优化JBS系统。其中的关键是打造基于战略执行的可持续竞争优势这一定位，这一定位也决定了应该赋予JBS团队的权力。③组织，建设JBS团队并培养JBS人才。这是为了实现卓越运营的两大目的之一：人才培养。

（2）权力。为了有效落实以上职责，应该赋予JBS团队相应的权力。JBS团队所拥有的权力包含三方面：①文化，JBS团队从宏观方面评价公司的改善文化和价值观，并给出宏观层面的建议。这种不针对微观个体的评估，也是一种弱化阻力的方法。②系统，为了实现战略执行的可持续竞争优势这一定位，JBS团队协调并决策JBS系统架构，评审相应的JBS工具。这种统筹规划架构和工具的权力有利于JBS以系统的方式进行设计和部署，可以避免大多数企业邯郸学步式地建设出四不像的卓越运营管理体系所带来的不利后果。③组织，评估员工JBS等级，这是针对建设JBS团队并培养JBS人才这一职责的授权，这一授权能促进JBS团队更好地改善文化和氛围。

（3）利益。有了相应的职责、授予了相匹配的权力，最终，团队的收益和报酬需要根据事先制定的考核标准进行评价，并比照公司报酬政策来决定。因此，关键应明确JBS团队考核评价的标准。依据前文所述，JBS所服务的是公司的8大北极星目标，因此，这8大北极星目标的实现程度是考核评价的标准之一。此外，JBS还直接影响以下三个方面：①与文化层面相关的JBS的成熟度。参考之前拟订的标准，如意智能科技决定以半年的频率对标标杆公司进行评价。②与系统相关的价值交付时间（Time To Value），衡量价值创造主流程的时间。基于前文介绍的沃尔玛和美的公司的案例，快速响应客户需求是能创造竞争优势并给公司带来业务增长和利润的。③与组织相关的 JBS 各层级人才。这三类目标相对于 8 大北极星目标而言是引领和滞后的关系。如意智能科技决定 JBS 团队的考核要兼顾这两层，并且为这个团队设定 3～5 个考核目标，其中包含引领的 3 个目标，加上 2 个左右的北极星目标。具体的目标根据每年的战略侧重点不同，在这个目标池范围内进行相应的调整。总体而言，北极星目标决定公司整体奖金包的大小，JBS 团队的考核目标达成情况决定团队的奖金系数。

2. 团队和资源

在明确了 JBS 团队的责权利之后，如意智能科技借鉴丹纳赫和 GE 的最佳实践，更新了组织结构，新的组织结构与之前的版本相比，有三处增加和三处优化。如图 5-14 所示。

三处增加分别是：①增加了 JBSO 这个团队，并且在团队下增加了 TPO 岗位，负责工具的开发落地。部分 TPO 实线汇报给 JBSO，部分高管角色的 TPO 以项目的形式与 JBSO 协作，但是他们的考核中均会加入工具开发、人才培养方面的指标。②在价值创造主流程的团队增加了 JBSL（JBS leader），负责相应部门的 JBS 推广，他们虚线汇报给 JBSO。至于人事，财务等支持部门将在成熟时引入 JBSL 的角色，促进全公司范围的卓越运营转型。③聘请卓越运营的专家作为公司和董事会的顾问，定期培训和分享知识、理念与实践案例，提供宏观的建议。这一举措向全公司强调了 JBS 的价值和重要性，有利于消除部分变革阻力。此外，顾问在微观层面上给 JBSO 团队和改善项目团队提供专业的支持和辅导。

第5章 如何实施卓越运营管理体系 189

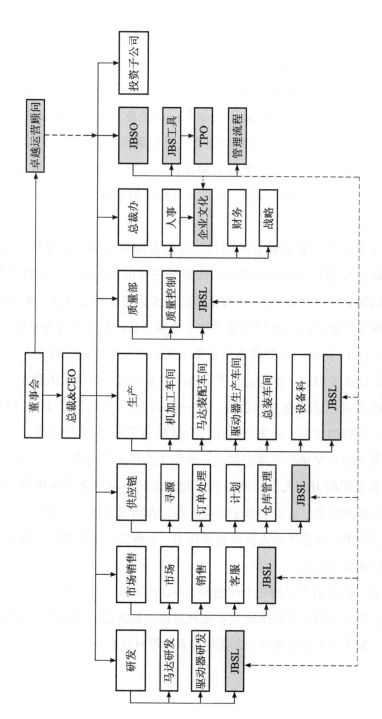

图 5-14 如意智能科技更新后的组织结构图

三处调整分别是：①将质量管理流程的职能从质量部门剥离划入到JBSO团队，这一做法既是JBS架构本身的需要，也是借鉴《精益思想》的建议。质量管理流程和JBS结合在一起，有利于流程建设和改善活动的统筹兼顾。②将原属于人事部门的企业文化团队调整为虚线汇报给JBSO，以更好地协调建设改善文化和氛围。这两项调整也符合JBS文化、流程、工具三层次的架构设计。③将原属于生产部门的精益办公室取消，人员重新分配，部分人员转岗到JBSO，部分人员担任JBSL的角色。

关于JBS人员数量规划的问题，如意智能科技借鉴行业的经验，结合公司的发展节奏与实际情况，决定分三步配置人员。①在总裁改善成果的铺垫之下，先配置10名全职的JBS人员，然后再逐步拓展试点的范围和职能部门。10位成员是一个改善项目团队成员的经典配置。必要时，这10名成员需要作为救火队上场亲自解决问题，以身作则产出成果，让员工们进一步相信改善的好处。②配置全体员工人数1%的全职JBS人员。或许在某些公司，第一批的10人已经占了1%，但是随着公司规模的扩张，未来的占比将会被稀释下来。1%的规模对于维持改善的氛围和文化是非常必要的。③配置全体员工人数1%～3%的人员作为全职的JBS人员，这是公司逐步走向卓越运营并逐步获得认可自然而然的结果。这也是基于行业经验，在熵增定律下，维持卓越运营的必备资源。以整体的人员规划为指引，后续的人员配置将根据实际情况进行调整和优化。

最后，也是最重要的一个问题是JBSO团队负责人。结合标杆公司的实践，以及卓越运营在国内企业推行过程中暴露出来的痛点，咨询公司提供了如表5-1所示的三个方案供如意智能科技参考。

表 5-1 JBSO 团队设计方案表

序号	方案	优点	缺点	备注
方案一	专业人员担任	专业性相对较好 JBS系统规划设计主线清晰	阻力较大 推动力度较小	适用于认可度信任度足够的情况
方案二	CEO兼任，专业人员以助理身份管理日常事务	推动力度最大	CEO精力被JBS日常事务占用 不利于人才培养	适用于需强制推广JBS的情况
方案三	专业人员与高管轮值	高管共建，认可度最高 更多的高管人才培养机会	管理协调相对复杂	折中方案

这三个方案有不同的优缺点，适用的场景也不一样。如意智能科技根据自身的情况，决定先选择方案二，即 CEO 兼任，专业人员以助理身份管理日常事务的方式先运行一年左右，启动飞轮，营造改善氛围。有了第一阶段的铺垫之后，再采取专业人员与高管轮值的方式，通过高管参与共建，创建更多的认可度，进一步培养内部人才，推动卓越运营转型。

3. 阶梯式人才

支撑卓越运营组织很重要的一个要素就是配置具备卓越运营知识与经验以及相应特质的人才，那到底什么样的人才适合呢？如意智能科技在咨询专家的协助下，绘制了如图 5-15 所示的人才画像，他们称之为 LEAP 型人才。LEAP 型人才由两个层次四个方面构成。两个层次指的是上层的知识和技能，以及底层的特质与动机。

上层的知识和技能由第一个方面 Lean 构成，即卓越运营人才需要具备精益等卓越运营相关的知识、技能、经验。这一点比较容易通过面试和过往的工作经验来判断。相对而言，它也比较容易通过后天的学习和实践来获取。大部分从事卓越运营的专业人士都具备精益等卓越运营相关的知识、技能、经验。

图 5-15　LEAP 人才画像

底层的特质与动机由如下三个方面构成。①Excellence & Execution，即具备以卓越为导向的执行力。丰田生产系统的奠基人大野耐一以追求卓越和严格的执行力闻名。据说，丰田生产系统的奠基人大野耐一的姓的英文是 Ohno，他经常为追求卓越而说："Oh, No。"②Achievement & Ambition，即以成就为导向的企图心。丰田、丹纳赫和华为的实践已经表明，卓越运营转型注定是一场充满了变革与挑战的旅程。如果欠缺对于转型成功后那种自我实现的追求，这个转型旅程对于这些人员来说将是一场煎熬。那种以追求和谐的人际关系，与人和善的特质与动机，恐难胜任此岗位。这样说并不是否认负责卓越运营的专业人员处理人际关系的重要性，但是如果成就导向和人际关系导向之间一定要有所取舍和侧重的话，两位专家的做法已经告诉了我们答案。DBS 早期专家阿特·伯恩在线模公司推行卓越运营转型时，没有以维护良好的同事关系为出发点，而是顶住压力处理掉了 30% 的"钉子户"和过剩人员，最终实现了线模公司在卓越运营领域的成功。同样，大野耐一也并不是一个温和的 TPS 专家。他的退休一定程度上也是成就导向驱动下人际关系并不那么融洽的结果，但这不妨碍他将 TPS 打造成为丰田的核心竞争优势。③ Passion & Persistence，即激情与韧性。丹纳赫在 2001 年任命劳伦斯·卡尔普为公司 CEO 时的一句"他满怀激情地执行 DBS"是激情的最好注解。激情是发自内心的认同和喜爱，是在充满了变革与挑战的卓越运营转型的旅程中坚韧前行的基石。卓越运营转型绝非一帆风顺并且直线往上的过程，需要以韧性面对困难和挫折。华为在 2021 年的年报中提到了胡杨精神。胡杨因其耐寒、耐热、耐碱、耐涝、耐干旱等属性，被称为蓬勃向上、坚韧不拔、保护绿洲的沙漠勇士。如意智能科技认为这正是推行卓越运营所需要具备的特质，因此公司也希望借鉴华为经验，传承坚韧的胡杨精神，给予所有员工不畏八大浪费的"沙暴"、坚韧前行的力量。

综上所述，如意智能科技借鉴标杆企业的最佳实践构建了支撑其卓越运营管理体系 JBS 建设和落地的人才画像，并着手招募和培养人才。接下来的工作就是培养全公司 826 名员工，使他们建立改善的思维和意识，并具备使用 JBS 工具的能力。

借鉴德雷福斯人才模型的理念并结合公司的实际情形，如意智能科技决定建立不同层级的 JBS 人才标准并培养相应的人才，即如图 5-16 所示的 JBS 人才金字塔模型。

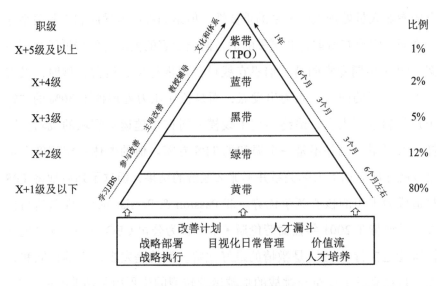

图 5-16 人才金字塔模型

人才金字塔模型的设计符合如下原则：①基于战略执行和人才培养；②基于 70-20-10 和 80/20 原则；③契合"改善是我们的工作之道"的核心价值观。

其底层逻辑是为了解决如意智能科技面临的两大挑战：战略执行和人才培养。通过战略部署、目视化日常管理以及价值流等 JBS 工具诊断并识别出来相应的改善计划，以此改善计划为基础制定出相应的 JBS 人才培养计划，即人才漏斗。这样就实现了由战略到战略执行，进而到改善计划，最后到人才培养的清晰的主线，实现基于战略需要培养人才的理念。

确定了人才漏斗之后，公司通过培训、辅导和改善项目（实践）的方式逐级培养五级人才，即黄带、绿带、黑带、蓝带、紫带。这五级人才按照光谱顺序排列，体现了分层分级的思路，对应的要求是不一样的。员工经过培训学习 JBS 工具并通过考试以后，可获得最底层的黄带，占员工数量的 80% 左右。黄带参与改善项目，运用具体的 JBS 工具改善具体的业务问题和挑战，经过评估合格可以获得绿带，绿带占员工数量的 12% 左右。绿带组建改善团队并主导改善项目，运用具体的 JBS 工具改善具体的业务问题和挑战，经过评估合格可以获得黑带。黑带占员工数量的 5% 左右。黑带经过讲师资格培训，在熟悉具体 JBS 工具的培训教材以后，教授其他成员相应的 JBS 工具，辅导他们完成改善项目。改善项目经过评估合格，黑带可以获得蓝带。正如科学界的一个经验法则："如果你真的要掌握一个课题，就要试着去教这门课。"蓝带的成长很好地践行了这个经验法则，占员工数量的 2% 左右。金字塔的顶端是紫带，即所谓的 TPO。紫带（TPO）是由践行改善文化并且有能力和意愿建设 JBS 体系与工具的优秀人才组成。为了匹配以上要求，紫带（TPO）参与过 JBS 改善项目，并且是这个领域的专业人士。紫带（TPO）最终必须经过 CEO 的任命，占员工数量的 1% 以内。

以上五级人才契合 70-20-10，即实践—辅导—培训的原则。同时，在人才分布上符合 80/20 原则，即绿带、黑带、蓝带和紫带等占比 20% 的员工通过实践 JBS 的方法或教授辅导他人 JBS 工具解决具体的业务问题，为组织创造了 80% 的价值。

这个人才金字塔也很好地契合了"改善是我们的工作之道"的核心价值观。金字塔左侧坡面上的学习 JBS、参与改善、主导改善、教授辅导、文化和体系分别对应的是黄带、绿带、黑带、蓝带、紫带的要求。同时，这也是如意智能科技"改善是我们的工作之道"这一核心价值观的五个层级的关键行为特征。简而言之，获得相应的 JBS 工具的带位就意味着匹配了"改善是我们的工作之道"核心价值观所对应的层级。这在评估员工"改善是我们的工作之道"这一价值观时，会简单明了并且更客观公正。如意智能科技还将这个金字塔模型与职级挂钩，即获得相应的职级需要具备相应的 JBS 工具的带位，以此激励员工参与 JBS。

综上所述，如意智能科技有针对性地设计了JBS团队的责权利，建立了匹配责权利的JBS团队和资源，并在团队和资源的帮助下依据人才金字塔模型在应用JBS工具改善业务问题和痛点的过程中逐步培养了各个层级的人才。

系统

借鉴丹纳赫和GE的优秀实践，如意智能科技的系统维度包含三个方面。首先，卓越运营管理系统JBS要契合多元化、差异化和数字化的战略和8大北极星目标，以此为出发点落地JBS体系。其次，以战略部署为主轴有针对性地选取相应的JBS工具从而更系统、更聚焦地将战略转化为执行。最后，根据战略和目标的达成情况，必要时，有针对性地调整或优化JBS架构和工具。

基于前文中所进行的AGIL分析，如意智能科技调整了公司的目标，形成了如表5-2所示的新的8大北极星目标。与以前的目标相比，有三大变化。首先，增加了2个目标，即客户维度的客户满意度，财务维度的现金流（X代表目标设定时的运营资金周转次数）。其次，取消了员工培训满意度和员工流动率，以员工敬业度来代替（E代表目标设定时的敬业度分数）。取消了财务维度的毛利率目标，聚焦经营利润率目标。最后，参考标杆企业设定高目标高期望的实践，直接将行业的标杆数据设定为未来三年的目标值。

表 5-2 北极星目标表

维度	指标	改善前	3年目标（行业标杆）	年度目标
员工	员工敬业度	E	E+30	E+15
	管理空缺岗位内部招募比率	35%	61%	>48%

（续）

维度	指标	改善前	3年目标（行业标杆）	年度目标
客户	客户端质量缺陷率	3%	1%	<2%
	准时交付率	87%	95%	>91%
	客户满意度	52%	95%	>75%
财务	现金流	X	X+3	X+1.5
	有机增长	5%	25%	>15%
	经营利润率	-8%	26%	>18%

在设定了北极星目标之后，如意智能科技采用如表5-3所示的战略部署这个JBS工具，将底层6点钟方向的三年战略目标逐步分解成为左侧9点钟方向的年度战略目标，年度战略目标设定为完成三年战略目标的一半。然后，用鱼骨图和5Why分析将年度战略目标解码成为影响它的关键成功驱动因素，即顶层12点方向的关键优先改善措施。关键优先改善措施通过采用相应的JBS工具针对相应的流程进行改善。最后通过右侧3点钟方向的衡量指标来评估整个战略部署的成果。衡量指标采取了引领性的指标和滞后性的目标结合的方式。㊀

以"三年内将客户端的质量不良率降低到1%"这个战略目标为例说明如下。首先，将其分解为年度目标"9月30日前将客户端的质量不良率从3%降至2%"。然后，根据历史数据和现场调研的反馈，运用鱼骨图和5Why分析出主要原因在于组装流程的问题，因此，确定的优先改善措施为"运用JBS工具问题解决的系统，改善组装流程，降低质量不良率"，期望通过运用JBS工具分析根本原因，采取措施来弥补差距。最终，公司设定的衡量指标为"降低组装流程参数的变异到5个标准差，实现9月30日前将客户端的质量不良率由3%降至2%"。

㊀ 矩阵图中黑色的实点代表纵横两方向的内容是相关的。

表 5-3 如意智能科技战略部署矩阵

年度战略目标	9月30日前将客户端的质量不良率从3%降至2%	10月31日前交货准时率由87%提高至91%	12月31日前实现销售收入有机增长率由5%提高至15%
关键优先改善措施	运用JBS工具同题解决的系统，改善组装流程，降低质量不良率	运用JBS工具精益转型，改善生产流程建立U形生产线，缩减产品由订货至交货的时间	运用JBS工具销售漏斗管理，改善销售管理流程，提升新客户数量
衡量指标	11月30日前将新客户的数量提升20%	8月26日之前将交货生产的时间平均由33天缩短为10天	降低组装的流程参数变异标准差5个，实现9月30日前将客户端的质量不良率由3%降至2%
三年战略目标	三年内实现销售收入25%的有机增长	三年内实现95%的准时交货	三年内将客户端的质量不良率降低到1%
资源	尼古拉斯	赵四	Tony	如意	Eric	Joey
主要责任	●					
次要与支持性角色	○					

（原表为X矩阵格式，各项目标与措施、衡量指标、责任人之间以● 与 ○ 标注对应关系）

这个指标是由生产团队负责人尼古拉斯来负责。尼古拉斯作为改善项目的负责人，牵头组织了包含生产、质量、供应链和研发等跨职能部门的团队成员，依据改善流程的要求，成立改善项目，运用问题解决的系统这一JBS工具改善不良率。在改善的前期准备和后续落地执行过程中，改善团队识别出了一些包含设备更新改造，人员培训等在内的资源需求。这些需求在月度的经营分析会议上进行了沟通和讨论，并得到了落实。

通过运用战略部署矩阵表这个工具，如意智能科技实现了"什么时机在哪里应用哪个JBS工具实现业务"的突破。并且在此过程中，通过培训、辅导和实践的方式培养了掌握JBS工具的人才。以战略部署中的改善项目为例，在将不良率从3%降到2%的背景下，采用JBS工具实施总裁改善项目，使质量不良率从3%降低到1%，培养了应用JBS工具的1名黑带员工和9名绿带员工。

以上是如意智能科技以3S框架引领JBS的落地实践，它是以3S的维度进行的总结和剖析。在实施的过程中，各个方面是一个联动的过程，不可能先做文化、再做组织、然后再针对系统，反过来也是不可能的。所以，3S是一个循序渐进的过程，也需要从时间的维度来审视。

借鉴各标杆企业的转型路线图，如意智能科技将3S框架里的关键内容以时间的维度重组，构建了如图5-17所示的转型路线图。它主要分为三个阶段，即启蒙（Immersion）、转型（Conversion）和卓越（Excellence），预计历时5年的时间。纵轴以3S的维度分解出了每个阶段不同的侧重点。

启蒙阶段。首先，如意智能科技安排公司人员和标杆公司之间进行学习与交流，并针对高管培训卓越运营相关的知识。以这些交流为基础，公司梳理面临的痛点、北极星目标和JBS团队的责权利。其次，公司启动总裁改善，优先采用基础工具，并为改善过程中可能产生的阻力制定管理变革的框架。最后，通过初期改善项目所创造的成果，营造良好的改善氛围。启蒙阶段的时间大概是3～6个月。

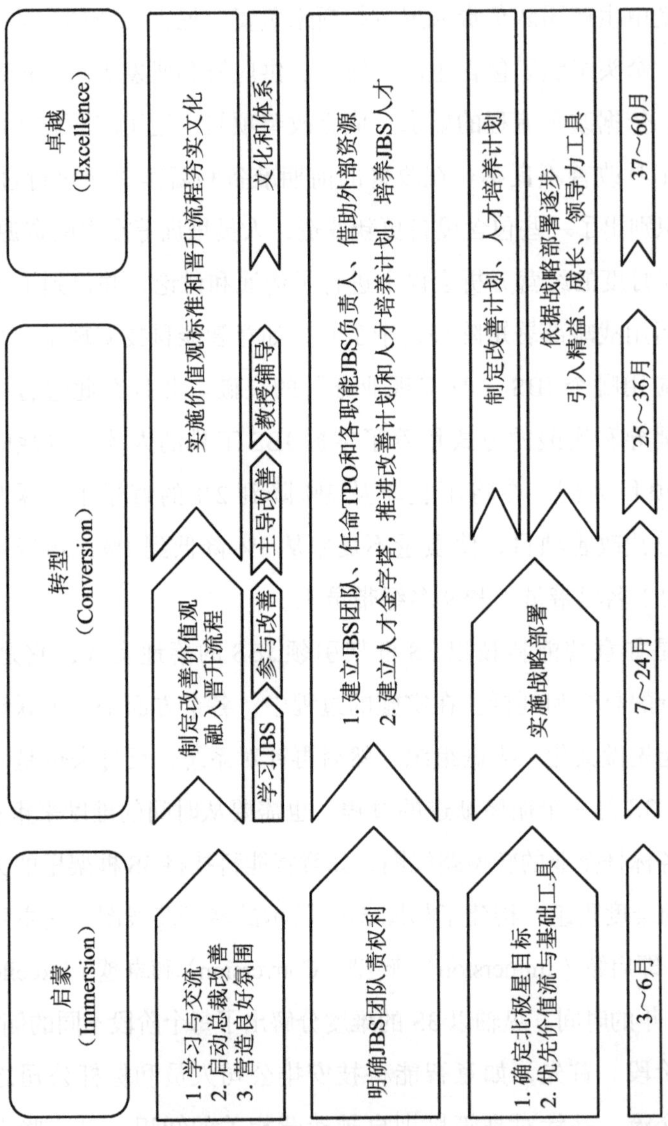

	启蒙 (Immersion)	转型 (Conversion)	卓越 (Excellence)
文化 (Style)	1. 学习与交流 2. 启动总裁改善 3. 营造良好氛围	制定改善价值观融入晋升流程 >> 学习JBS >> 参与改善 >> 主导改善 >> 教授辅导 >> 实施价值观标准和晋升流程夯实文化	文化和体系
组织 (Structure)	明确JBS团队责权利	1. 建立JBS团队、任命TPO和各职能JBS负责人、借助外部资源 2. 建立人才金字塔、推进改善计划和人才培养计划	
系统 (System)	1. 确定北极星目标 2. 优先价值流与基础工具	实施战略部署	制定改善计划、人才培养计划 依据战略部署逐步 引入精益、成长、领导力工具
时间跨度	3~6月	7~24月　25~36月	37~60月

图 5-17　卓越运营转型路线图

转型阶段。以启蒙阶段改善产出的成果作为铺垫，公司建立了 JBS 团队，任命 TPO 和 JBS 负责人。JBS 团队协调资源设计出价值观的落地规则以及人才金字塔模型等标准。此外，针对北极星目标和公司痛点，JBS 团队在 CEO 支持下主导以战略部署为主轴，识别出改善项目并统筹推进改善计划和人才培养计划，不断培养 JBS 人才。然后根据需要，JBS 团队协调资源逐步引入精益、成长和领导力工具。转型阶段大概历时 2.5 年的时间。

卓越阶段。JBS 系统逐渐成熟和完善。各个职能领域配备了 JBS 相关的资源。在"改善是我们的工作之道"的核心价值观的牵引下，公司逐步营造了持续改善的文化。相对于前两个阶段的改善是自上而下地实施，处于卓越阶段的改善是自下而上推动的。卓越阶段预计历时 2 年左右的时间。

历经不同的阶段，公司逐步从战略执行、人才培养和 JBS 引领性指标的维度评估 JBS 的成果。整体转型历时约 5 年。

如意智能科技 3S 的成果

综上，如意智能科技用 3S 框架引领了 JBS 的落地实践，取得了以下两方面的成果：一是战略执行和人才培养的成果，二是精益化、自动化与数字化的实践。

1. 战略执行和人才培养的成果

北极星目标是 JBS 服务的最重要的战略目标，改善成果如表 5-4 所示。

战略执行层面。员工敬业度提升了 12 个点。这主要归功于在总裁改善和经营改善过程中员工感受到了认可和能力的提升，1218 条 LIFE 建议案中，87% 的采纳率让广大员工感受到了公司的重视。这些敬业的员工新增和优化了 52 个流程、固化了其中的 35 个流程。员工敬业的工作和服务态度改善了客户的体验，客户端的质量缺陷率降低至 1%，准时交付率从 87% 提升到 92%。因为质量和交付的改善，客户满意度从 52% 提升到了 90%。满意的顾客带给股东的回报是，新客户数量增加 21% 带来了 15% 有机增长，经营利润增加了 1.1 亿元，这也改善了经营利润率和现金流。

表 5-4 北极星目标的成果

维度	指标	改善前	3年目标（行业标杆）	年度目标	成果
员工	员工敬业度	E	E+30	E+15	E+12
	管理空缺岗位内部招募比率	35%	61%	>48%	N/A
客户	客户端质量缺陷率	3%	1%	<2%	1%
	准时交付率	87%	95%	>91%	92%
	客户满意度	52%	95%	>75%	90%
财务	现金流	X	X+3	X+1.5	N/A
	有机增长	5%	25%	>15%	15%
	经营利润率	-8%	26%	>18%	15%

人才培养层面。针对第一批开发的 8 个 JBS 工具，采取培训、辅导和实践等方式培养了 987 人次的 JBS 各层级人才。

除了战略执行和人才培养的成果之外，JBS 的两个引领性指标也有了进一步改善。

成熟度评分从 21% 提升到 46%，主要的贡献来自四个方面。①人和领导力（People）的维度，建立了支撑卓越运营的理念、文化和价值观，高管积极参与JBS改善，公司投入更多的资源建设JBS团队。②流程和工具（Process）的维度，建立并宣传了JBS体系，开发了支撑战略的工具、建立了改善流程、设计了晋升的机制和人才金字塔模型。③绩效和结果（Performance）的维度，针对8大北极星目标的改善项目取得了与战略执行和人才培养相关的成果。④计划和目标（Plan）的维度，确定并宣传了8大北极星目标，并且通过战略部署系统化地建立了改善计划。

价值交付时间（TTV）从111～711天降低到62～395天，主要的贡献来自三个方面：精益产品开发体系降低了产品研发的时间，销售漏斗管理降低了销售订单转化的时间，精益转型降低了制造流程的时间。

最后，问卷调研显示员工对于JBS的整体满意度达到87%，最大的两个收获是学习到了JBS工具，统一了语言，建立了良好的改善思维和意识。

2. 精益化、自动化与数字化的实践

前文中提出了数字化转型的三层次结构模型：精益化、自动化、数字化，让如意智能科技的员工坚信诸如精益之类的卓越运营管理是数字化时代企业经营管理的基础。JBS本身的定义是以精益为基础的一些最佳商业实践。因此，如意智能科技在落地实施JBS的过程中，在精益化、自动化、数字化等方面也进行了一些尝试和探索。以战略部署的改善案例为例，总结说明如下。

组装流程运用精益转型工具，建立U形生产线改善生产流程。这消除和降低了过量生产、等待、库存、质量异常、运输等浪费。在以客户为中心的消除浪费的理念下，所有团队新增和优化了八个流程。

在精益化的基础之上采取一些自动化的手段，比如，自动导引车和辅助传送带搬运物料、机器人代替部分人工的动作和作业，这进一步降低了八大浪费。

最后，实施了一些适合的数字化手段。这些手段包含：通过将三个改善后的流程固化到 IT 系统，起到了提醒员工作业以及防错的目的，同时降低了质量不良等异常。通过调取系统的数据，构建各种基于 IT 系统的目视化管理板，及时监控各种过程指标，并在指标异常时，及时发出预警信息，提醒相关员工来处理。

这些精益化、自动化和数字化方案的组合，将产品由订货至交货的时间从 33 天缩短到了 9 天。

除了以上两方面的内部成果之外，如意智能科技的 JBS 还获得了三项外部的肯定和认可。其一，在中国质量协会和中国质量杂志社组织的精益研修会中，面对国内众多的知名精益实践企业，如意智能科技的 JBS 改善项目获得了一项一等奖、三项二等奖。其二，有中国质量协会的认可和背书，因为实施 JBS，如意智能科技实至名归地获得了"专、精、特、新"的称号，有了更多的资金支持和政策支持。其三，投资人看到了如意智能科技在管理方面的进步和取得的认可之后，更加看好公司的未来，加码投资。

管理是一种实践，其本质不在于知，而在于行，其验证不在于逻辑，而在于成果，其唯一权威就是成就。以上的荣誉，在一定程度上，认可了如意智能科技的卓越运营管理体系 JBS 所取得的成就。不过，公司也认识到，JBS 的设计和实施还有许多的不足，卓越运营是一段长期甚至是没有终点的旅程。公司仍然需要将 JBS 落实在战略执行的过程中，在改善 8 大北极星目标的同时，培养一流的人才。

卓越运营在并购整合中的应用

参考标杆公司的实践，卓越运营管理体系的另外一大用途就是应用于并购整合。麦肯锡针对中国企业未来的全球化战略提供了三种建议措施，其中之一是加强跨境并购执行能力。如上文所述，中国企业海外收购的成功率远低于欧洲和美国企业。麦肯锡建议企业建立并购流程，清晰地规划出从确定战略目标、寻找并挑选并购目标、尽职调查到包括文化整合在内的并购后的综合管理的全部流程，借此提升并购整合的成功率。

全球范围内，至少有三家企业有可供外界学习的系统化的投资并购与投后管理体系，并且这些管理体系已经产生了卓越的成果。这些管理体系分别是科氏工业的 MBM（Market-Based Management，以市场为基础的管理模式，参考《做大利润》），3G 资本的 The 3G Way（基于梦想—人才—文化的投资并购与投后管理的框架，可参考《赋能式投资》），以及丹纳赫的 DBS。

正如一位战略咨询专家在商业周刊上评论时所说：丹纳赫拥有一个如何进行并购整合的精准定义的模型。此外，丹纳赫在国内知名的很重要的原因之一是它的卓越运营管理体系 DBS 在并购整合中能创造巨大的价值。对于期望通过并购实现全球化战略和快速发展的中国企业来说，丹纳赫是值得借鉴和参考的对象之一。

接下来我们将参考公开发布的资料，重点梳理丹纳赫的 DBS 是如何应用到并购整合中并创造价值的。梳理的内容分为两个方面：并购整合的方法，价值创造的攻略（Playbook）。

并购整合的方法

正如其官网所言，并购是丹纳赫业务增长战略关键的组成部分。图 5-18 是从公开发布的资料中摘录的丹纳赫并购整合的方法，主要包含三个方面：市场、公司和价值创造。

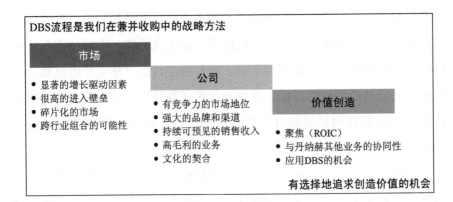

图 5-18　并购整合的方法

资料来源：参考 DHR DBS Overview 2018 整理。

1. 市场

它秉持的是市场第一，企业第二的理念。这与国内前一段时间流传的赛道和选手的理念如出一辙。它也契合某投资人的观点：当一个行业处在困难条件下，即使遇到一位卓越的经理人，也完全无法改变原来的困境。丹纳赫投资有吸引力的市场，关于市场规模的标准，早期的定义是超过 10 亿美元。这些有吸引力的市场具备如下四方面的特征：显著的增长驱动因素、很高的进入壁垒、碎片化的市场、跨行业组合的可能性。

显著的增长驱动因素，简而言之就是驱动市场增长的大趋势。如图 5-19 所示，以 2017 年的分析为例，法规要求、工作流程效率、高增长市场、改善的护理标准和环境安全等构成了市场增长的关键驱动因素。这些关键驱动因素在生命科学、诊断、水处理、产品识别和牙科五大平台服务的市场规模达到 1200 亿美元。

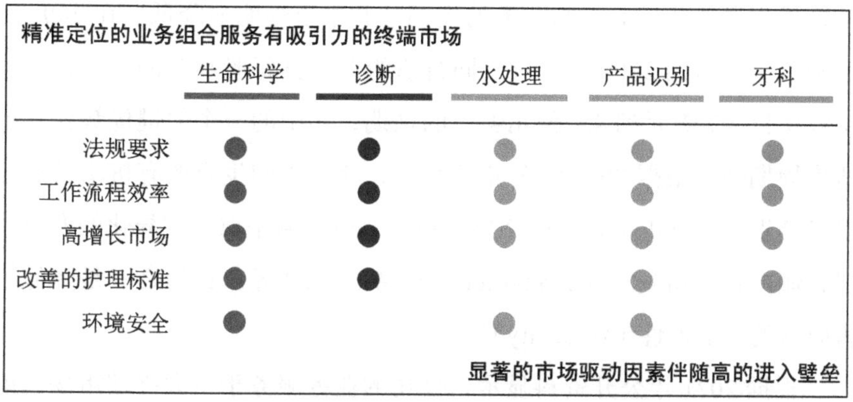

精准定位的业务组合服务有吸引力的终端市场					
	生命科学	诊断	水处理	产品识别	牙科
法规要求	●	●	●	●	●
工作流程效率	●	●	●	●	●
高增长市场	●	●	●	●	●
改善的护理标准	●	●		●	●
环境安全	●		●		
			显著的市场驱动因素伴随高的进入壁垒		

图 5-19　市场驱动因素

资料来源：参考 DHR 2017 INVESTOR & ANALYST DAY 整理。

同时，这些市场都有相对比较高的进入壁垒。比较明显的两大类壁垒，一类是管理类的壁垒，包含与法规相关的管理能力等。生命科学、诊断、牙科等业务很多需要具备满足美国食品药品监督管理局的法规和 ISO13485 等管理体系的能力。另一类是产品研发的壁垒，这类产品的研发费用一般占销售收入的 6.2% 左右，许多产品需要强大的研发和技术支撑，既需要人才也需要资金。高进入门槛的市场可以减少竞争，相对于红海市场，更有利于企业的发展。

针对市场的评估，除了显著的增长驱动因素、很高的进入壁垒以外，丹纳赫还关注进一步整合的机会，比如该市场中是否存在具有垄断能力的企业，市场是否呈现碎片化。丹纳赫的观点是：在碎片化的或较小的市场里面，能够攫取足够的市场份额，获得可以接受的利润和回报。

另外一个关注点是行业的周期性和季节性。2021 年的哈佛商业评论关于丹纳赫的一份研究显示，丹纳赫高管提出筛选市场的几项标准中包含"没有不适当的周期和波动"。当丹纳赫的业务从一般的工业领域转型成为科技公司后，其业务的周期性和季节性明显降低。在2008年金融危机之后的2009年1月，同行纷纷调低其每股利润的预测，而丹纳赫坚持3.7美元到4.1美元美股的预期，其中的一个关键优势就在于适度周期性。根据2013年公布的数据，耗材类的生意的有机增长率是设备类生意的有机增长率的2倍及以上。丹纳赫采取的差异化的商业模式，倾向售后市场（Aftermarket）、服务、SaaS等，目的之一是降低销售收入的易变形性（Volatility）。

根据2021年公开资料显示，公司的业务服务于六大终端市场，即生物医药、临床诊断、应用技术、分子诊断、工业、研发与科研等领域。业务服务于多个行业，在一定程度上降低了风险。正如其年报指出，作为一个整体，公司的业务没有任何实质性的季节性周期性的特征。丹纳赫前CEO托马斯·乔伊斯在一次访谈中也提出，丹纳赫寻找的是具有大的全球市场，很好的成长前景以及低周期的行业。

2.公司

关注了赛道（行业）之后，丹纳赫开始评估选手（公司）。如果丹纳赫不喜欢这个行业，就不会关注属于这个行业的公司。确定目标市场之后，接着就是针对公司的评估。丹纳赫主要评估目标公司是否具备有竞争力的市场地位，强大的品牌和渠道，持续可预见的销售收入，以及是否拥有高毛利业务，文化的契合等几个方面。

判断目标公司是否适合的主要标准之一是公司通过并购是否能够成为市场领导者。正如其前CEO劳伦斯·卡尔普在《哈佛商业评论》中指出，丹纳赫期望在目标市场里面成为第一或第二的公司。当年收购的这些子公司，如福禄克（Fluke）、哈希（HACH）、吉尔巴克（Gilbarco）、卡瓦（Kavo）、伟迪捷（Videojet）、雷度米特（Radiometer）等，都是市场排名第一的公司，徕卡（Leica）和科尔摩根（Kollmorgen）等都是市场排名第二的公司，市场占有率从 2% ～ 35% 不等。最近几年的并购案例更凸显了这一理念。2011 年，丹纳赫以 68 亿美元收购年销售收入 37 亿美元的贝克曼。时任 CEO 提出，贝克曼是一家偶像级（Iconic）的公司，具备知名的品牌、技术领先能力、广泛触达客户的网络，在所服务市场拥有良好定位，这个并购对于当时的生命科学和诊断平台是一个很好的补充。2015 年，丹纳赫以 138 亿美元收购年销售收入 28 亿美元的颇尔（PALL）。时任 CEO 提出，收购颇尔是一个有很高吸引力的业务，涉及 75% 的复购销售收入。它在过滤行业有着业界极佳的技术和技术领先的解决方案，并成为行业优质的品牌。这将扩张和强化公司生命科学平台在生物制药行业的市场地位。2016 年，丹纳赫宣布以 40 亿美元收购年销售收入 5.39 亿美元的赛沛（Cepheid）。时任 CEO 提出，赛沛是对公司当时诊断业务的完美补充，它在分子诊断市场有着领先的市场地位，以及 75% 的复购销售收入。这些收购案例表明，市场地位、品牌和渠道是决定是否收购目标公司的关键。

关于持续可预见的销售收入，早期公司的业务偏重工业类，以设备仪器为主，最近几年的并购特别看重诸如试剂耗材等可复购、可预见的生意。复购业务占销售收入占比这一数字的变化很好地显示出了这一趋势。2015 年，公司的复购的生意占销售额的比重为 45%，这一数字在 2021 年上升到了 75%。这足以表明公司非常看重有着持续可预见的销售收入的业务。

此外，高毛利业务也是关注的重点之一。正如前高管丹·科马斯指出，丹纳赫特别青睐拥有品牌的产品，通常这些产品被专业人员使用，天然地更具备盈利能力，这种产品也更有定价权。从成本角度而言，它们是管理不善的公司，主要从品牌和技术领域挣钱，但是制造、供应链和后端服务部门则是乏善可陈。所以，相对于管理优良并拥有 25% 毛利率的公司，丹纳赫更青睐 50% 毛利率但管理不善的公司。如图 5-20

所示,从1984年、2000年、2008年到2021年,丹纳赫的毛利率从20%持续攀升到61%。

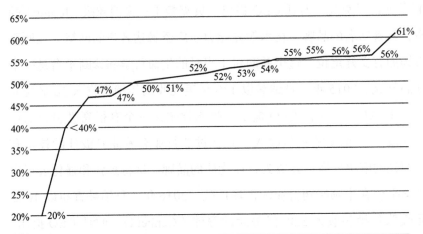

图 5-20　毛利率趋势图

资料来源:参考丹纳赫历年的年报和2017年投资人会议披露的数据整理。

文化和领导力评估。文化和领导力因素是许多并购失败的关键原因之一。据《哈佛商业评论》案例研究,丹纳赫针对并购公司评估之后,管理团队的保留率在各种并购中并不相同。通常而言,高层管理保留率在 0～50% 之间过渡,这是文化和领导力评估结果的体现。像伟迪捷的并购案,管理团队的更替被认为是价值创造机会的一部分。在其他案例中,如雷度米特公司,没有人被要求离开。同样,据《哈佛商业评论》案例研究,人员的去留不仅仅取决于尽职调查程序中的面试,在随后的日常运营中也会筛选出不适应丹纳赫文化的高管。就像时任CEO的劳伦斯·卡尔普指出:与其花三四个小时去面谈,不如花一个星期或者一个月与人共事,那样会对他们产生更不一样的观点。如果在并购完成之前,已知某些人将要离开,公司会事先拟出更替的计划。

有些人可能会疑惑，评估标准如此之高，还能找到目标公司吗？实际上，丹纳赫不会等到投行的电话打来才开始考虑并购，而是进行前瞻性的研究，建立并购漏斗。哈佛商业评论的研究显示，每年丹纳赫会实施150次左右的尽调，最终实现12次到14次的并购。在任何时间节点，丹纳赫为未来的并购都培育和孵化着200家左右的公司，有些公司被培育和孵化了十年左右的时间。比如，丹纳赫在并购哈希之前就花费了很长的时间。在2004年收购卡瓦的牙科业务时，丹纳赫很早就调查过牙科市场并得到了董事会的批准。

3. 价值创造

评估完行业和公司之后，接下来的重点是思考投资回报以及如何为目标公司赋能、创造价值。评估的重点聚焦ROIC，与丹纳赫其他业务的协同性、应用DBS的机会。

ROIC是丹纳赫的8大CVD目标之一，主要用来衡量和评价并购业务的成果。ROIC的计算是以税后的经营利润除以并购的价格，如果并购价格是100，经营利润为10，税率是25%，那么ROIC为7.5%。哈佛商业评论的研究显示，丹纳赫会仔细审查所有并购案的ROIC，要求三年内最低收益率要达到税后投资回报率的10%，补强性并购（Bolt-on）更容易实现这个目标，但是建立平台并购需要更长的时间，一般不会超过五年。

关于ROIC，有两组数据可供参考。一个数据是丹纳赫整体ROIC的情况，根据方正证券研究所的研究，2001年至2008年，公司平均ROIC为12.78%。2009年至2018年，由于几项大规模收购，包括颇尔、贝克曼库尔特（Beckman Coulter）、GE医疗，投资回报期较长，ROIC有所下降，均值为8.5%。

另外一组来自丹纳赫公布的数据，主要针对的是每一家被并购的公司的 ROIC 目标和实际结果。2011 年并购贝克曼时，公司设定了在四年内实现 10% ROIC 的目标。2015 年并购颇尔时，公司设定了五年内实现贴近 10% 的 ROIC 的目标。贝克曼在并购两年后的 2013 年，其 ROIC 大概为 8%。颇尔在并购 6 年后，其 ROIC 也停留在"高的个位数（High Single Digit）"，与设定的 ROIC 目标相比，累积多出 10 亿美元的经营利润。Cepheid 在并购 5 年后，其 ROIC 超过 20%，与设定的 ROIC 目标相比累积多出 20 亿美元的经营利润。一般而言，并购超过 10 年的业务的 ROIC 大概为 20%，以 2002 年被并购的伟迪捷为例，整合进入丹纳赫大约 20 年，其 ROIC 大于 25%。

业务协同效应。根据哈佛商业评论和方正证券的研究，丹纳赫的收购组合种类丰富，主要有三种类型。第一种是补强型收购（Bolt-on）。此类收购的目的是在现有的业务和新的收购目标之间产生协同效应。例如，2004 年，丹纳赫投入 5000 万美元收购了哈里斯公司（Harris）的多条产品线，加强了电子测试平台。第二种是邻近业务收购（Adjacency）。此类收购执行后，被收购公司往往独立开展运营。例如，丹纳赫在 2004 年用 1.91 亿美元收购了特洁安（Trojan）。虽然该公司从事环保业务，与环保平台有关，但是它的水处理产品占领了一个细分市场，收购之后，该公司仍然作为一个较为独立的组织运营。前面两种收购的协同效应非常明显。根据公开的数据，贝克曼被收购时预估能产生超过 2.5 亿美元的潜在成本协同效应，颇尔被收购时预估能产生 3 亿美元左右的成本协同效应。如图 5-21 所示，以水平台为例，丹纳赫 1999 年收购哈希（Hach）以后，于 2004 年、2007 年又分别收购特洁安（Trojan）和 Chem Treat，构建了横跨整个价值链的协同效应。

图 5-21 价值链协同整合

资料来源：根据丹纳赫公开资料整理。

除了以上两种并购之外，第三种是新平台型收购（New Platform）。新平台收购意味着丹纳赫的业务组合显著扩大，将进入新的市场和产品领域。

价值创造最重要的评估环节也许是应用 DBS 改善的机会。丹纳赫在并购交易中愿意接受入门级的、不一定具备很好的领导团队和关键设施的公司。影响交易决策很重要的因素之一是丹纳赫的管理是否能够填补预期的差距。并购雷度米特公司的案例很好地展现了丹纳赫是如何评估其管理是否能够填补预期的差距的。雷度米特是一家成立于 1935 年并于 1984 年上市的丹麦家族公司，主要研制应用于危急病人的血气分析仪，在细分市场处于领先地位。根据这家公司 CEO 彼得·库阿施泰因（Peter Kürstein）的反馈，公司管理团队的平均任期达到了 16 年，并且自认为做得很好，对那些并未详细了解这个细分行业的人能使公司变得更好表示怀疑。很多潜在的买家包括私人股本，他们和丹纳赫并购团队的做法一样，都通过提供的数据来判断决策。唯一不同的是，丹纳赫的两个高管人员通过三小时实地工厂考察来了解实施 DBS 的潜能。

市场、公司、价值创造模型是丹纳赫进行并购整合的系统化的方法。如何针对并购对象实施有效整合，创造价值呢？这取决于价值创造的攻略。

价值创造的攻略

价值创造攻略是丹纳赫实现超高股东回报的秘诀。运行价值创造攻略始于从哪里运用 DBS 工具。一般而言，这取决于如何战略性地看待业务。如图 5-22 所示，攻略实施分为三大步骤。

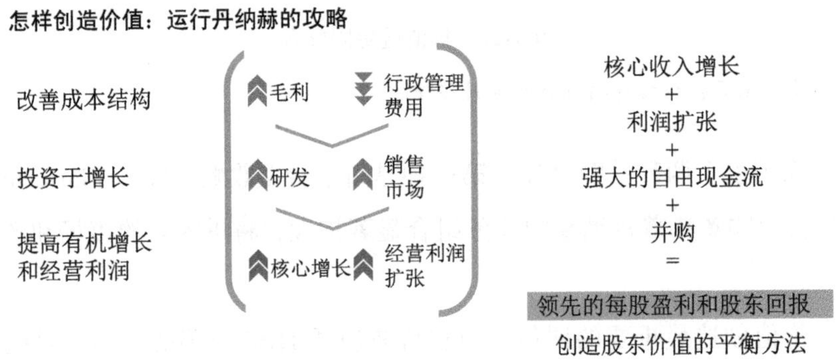

怎样创造价值：运行丹纳赫的攻略

改善成本结构	↑毛利 ↓行政管理费用	核心收入增长
投资于增长	↑研发 ↑销售市场	＋利润扩张
提高有机增长和经营利润	↑核心增长 经营利润扩张	＋强大的自由现金流 ＋并购 ＝

领先的每股盈利和股东回报
创造股东价值的平衡方法

图 5-22　价值创造的攻略

资料来源：根据 DBS Overview 2018 整理。

第一步，改善成本结构。主要从两个方面，一方面是提升毛利，侧重运用 DBS 的基础工具和精益工具改善效率等来实现。另一方面是降低行政和管理费用，采用诸如事务性流程改善和标注作业等 DBS 工具实现，有时候即使行政和管理费用不变，但增大的销售额也能实现行政和管理费用比例的降低。

第二步，投资于增长。在提高毛利和降低行政和管理费用之后，经营利润将投资给研发、销售和市场。这样能加速新产品的开发，有助于有机增长。

第三步，提高有机增长和经营利润。伴随着改善产生的现金流，必要时，丹纳赫进行补强型（Bolt-on）并购。整个过程体现了"一降五升"的思路，即降低行政和管理费用、提升毛利、提升研发相关的投资、提升销售和市场相关的投资、最终实现了提升有机增长、提升经营利润。

通过将这个攻略持续不断地运用在每个并购中，丹纳赫产生了业界领先的每股盈利和股东回报。

以颇尔的并购整合为例，颇尔是全球高科技过滤、分离和纯化方面的专家，为广大生命科学和工业领域的客户提供解决方案以满足各类关键流体的需求。2015年，颇尔被丹纳赫并购。并购之初识别出了三大优先改善事项，即降低成本结构、改善执行、加速创新。为了实现成功的整合，丹纳赫和颇尔团队在DBS资源、培训和改善方面进行了大量的投入，并通过采取价值创造攻略产生了良好的效果。

DBS资源方面。并购交易结束后，50个丹纳赫的员工协助颇尔推动DBS改善活动，颇尔配置了6个全职的DBS专家，15个DBS成长方面的专家，29个工厂配备了DBS精益负责人。

培训与改善方面。70%的员工在90天内完成了DBS培训。交易结束后的第一年内实施了300个改善项目。此外，2015年、2016年、2017年实施的改善项目数量分别为50个、470个、560个。这些投入为接下来的价值创造三部曲打下了很好的基础。

第一步，改善成本结构，侧重于降低制造和运营成本。并购之初面临的挑战是过高的库存、报废和物流成本，比较高的间接费用和高的后端部门（不是面向客户）成本。针对以上痛点，公司运用了三大DBS工具，第一个是运用库存管理工具改善交付和相关的成本，第二个是运用精益转型工具创造高效的生产流程以满足客户需求，第三个是运用动态看板以消除过量生产、实现"在正确的时间交付正确数量的正确的产品"。通过以上改善，实现了3年时间2.5亿美元的成本节约，同时，间接成本占销售额的比重降低了4%。

第二步，投资于增长。主要针对并购之初识别出来的三大优先改善事项中的改善执行和加速创新方面。

改善执行主要侧重于两个方面，即市场和销售的执行，以及运营层面的执行。市场和销售最初面临的挑战在于：有限的市场可视度和联系人、几乎不具备数字化营销的能力、老旧的网站平台伴随着有限的线索产生能力、对于如何产生和孵化高质量的销售线索缺乏可复制的流程。针对以上挑战，公司通过采用变革型营销、线索处理和销售漏斗管理等DBS工具，最终提升了80%的市场可视度，以及15%的订单转化率。运营层面的挑战是复杂的供应链和生产准备、过长的制造交付时间、过低的准时交付率。针对以上挑战，公司采取了以下三项关键措施：为每个工厂培养DBS领导人、在每个工厂实施精益转型、实施库存管理提升准时交付。最终的结果是，准时交付提升了20%，制造交付时间缩短了25%。

加速创新。并购之初面临的挑战是虽然颇尔具备较强的创新基础，但是项目开发周期很长，缺乏聚焦，没有优先顺序。针对以上挑战，在DBS方面采取的措施包括运用加速产品开发，快速设计评审以及产品规划等三个工具改善评审的速度并快速将概念转化为可执行的项目，在多个项目之间协调执行，开展资源分配。通过这些改善将产品的准时上市比例从不到65%提升到80%，有机增长率从并购前的处于低位的个位数增长比率提升到处于中位的个位数增长。

第三步，提高有机增长和经营利润，产生了足够的现金流。颇尔也采取了并购活动。

价值创造攻略令此次并购整合取得了较好的成果。针对并购之初的三大改善优先项目，公司在第三年实现了2.5亿美元的年度成本节约，20%的准时交付的提升，新研发的产品占收入的比例提升了2倍。

最终财务层也获得了收益：毛利率从 50% 提升到 55%，行政管理费用降低了超过 25%，研发投入提升了 5%，市场和销售的投入提升了 7%。有机增长率从并购前的低的个位数增长比率（LSD）提升到中的个位数增长（MSD），经营利润率从 16%～19% 提升到大于 25%。截至 2021 年年底，颇尔实现的 ROIC 达到高的个位数百分比（HSD），与预期的 ROIC 目标相比，累积多贡献了 10 亿美元的经营利润。正如颇尔的总裁珍妮弗·霍尼克特（Jennifer Honeycutt）在投资人和分析师会议上的总结：快速采用 DBS 是颇尔实现良好开局的关键。

颇尔的案例较好地展现了践行并购流程和价值创造攻略所创造的价值。颇尔在生物制药行业的市场地位，体现了市场第一、公司第二的理念。高的 ROIC 目标并针对性采用 DBS 改善则体现了价值创造的逻辑。通过价值创造攻略，改善成本结构、投资于增长，然后在提高了有机增长和经营利润之后进行补强型（Bolt-on）并购。最终，DBS 帮助公司产出了高的股东回报、改善了客户体验和员工的敬业度，在执行战略的同时，培养了人才。

> **关键要点**
>
> （1）卓越运营管理体系落地的方法：3S 框架，即文化（style）、组织（structure）、系统（system）。
>
> （2）运营改善和严格的执行是 GE 取得成功的关键。
>
> （3）卓越运营人才画像：LEAP 型人才。
>
> （4）丹纳赫并购整合的方法：市场、公司和价值创造。
>
> （5）成功实现精益转型的三条管理原则：精益是战略，精益要从高层做起，实现对人的转变。
>
> （6）精益转型的三项关键领导行为，即推动持续改善，推动指导和学习，推动严格执行。
>
> （7）常识的道理、严格的实施（common sense, rigorously applied）。

结语

常识的道理、严格的实施

行到水穷处，静待云起时！我们已经完成了有关卓越运营管理的三个核心问题（Why、What、How）的探索，目的在于解决战略执行和人才培养的挑战，从而实现为内外部客户创造价值。此时此刻，也许有人已抱着非我莫属的雄心壮志，准备冲向卓越运营之巅。然而，现实往往很骨感。秉持着卓越运营初心的优秀企业是如此之多，但真正从优秀到卓越的却寥寥无几，问题在哪里呢？

常识的道理、严格的实施（common sense, rigorously applied）。管理是一种实践，其本质不在于知而在于行。将真正卓越的公司和一些规模庞大且资源丰富但管理却平平无奇的公司进行对比会发现，卓越运营的公司的管理体系不一定是最好的、最全面的、最结构化的，但很明确的一点是，它们都在严格地实施其卓越运营管理体系。无论是丹纳赫的"常识的道理、严格的实施"，还是华为的"僵化、优化、固化"和"削足适履"，都很好地折射出了这一点。这是标杆企业之所以卓越的核心关键之一。

不忘初心，方得始终。卓越运营作为一种管理实践，以标杆公司的经历而言，其转型注定是一场长期且艰难的"行"程。如果企业和组织能借鉴胡杨蓬勃向上和坚韧不拔的精神，不畏八大浪费的"沙暴"，坚韧前行，将这些常识道理严格实施，那么它们一定能高效地执行战略，同时培养出一流人才。

参考文献

[1] Amazon.1997 letter to shareholders[EB/OL].[2022-02-22].https://venturebeat.com/wp-content/uploads/2010/09/amzn_shareholder-letter-20072.pdf.

[2] Amazon.2020 annual report[EB/OL].[2022-02-22].https://s2.q4cdn.com/299287126/files/doc_financials/2021/ar/Amazon-2020-Annual-Report.pdf.

[3] Amazon.2020 letter to shareholders [EB/OL]. [2022-02-22]. https://www.aboutamazon.eu/news/company-news/2020-letter-to-shareholders.

[4] Amazon.2021 letter to shareholders [EB/OL]. [2022-02-22].https://www.aboutamazon.com/news/company-news/2021-letter-to-shareholders.

[5] ANAND BN，COLLIS DJ，HOOD S.Danaher corporation（Abridged）[EB/OL].（2021-08-25）[2022-02-22].https://store.hbr.org/product/danaher-corporation-abridged/722370.

[6] HINDO B.A dynamo called danaher[EB/OL].（2007-02-19）[2022-02-22].https://www.bloomberg.com/news/articles/2007-02-18/a-dynamo-called-danaher.

[7] BTOES Insights.Research report—the global state of operational excellence [EB/OL].[2022-2-22].https://insights.btoes.com/research-report-2018/19-the-global-state-of-operational-excellence-critical-challenges-future-trends.

[8] Danaher.2006 annual report[EB/OL].[2022-02-22].https://filecache.

investorroom.com/mr5ir_danaher/387/DHR_AR_2006.pdf.

[9] Danaher.2017 annual report[EB/OL].[2022-02-22].https://investors.danaher.com/2017-Annual-Report/HTML1/tiles.htm.

[10] Danaher.2018 investor & analyst day[EB/OL].（2018-12-13）[2022-02-22].https://filecache.investorroom.com/mr5ir_danaher/526/2018%20Danaher%20Investor%20%26%20Analyst%20Event.pdf.

[11] Danaher.2018 Pall investor & analyst day[EB/OL].（2018-09-18）[2022-02-22].http://filecache.investorroom.com/mr5ir_danaher/517/2018%20Danaher%20Mid-Year%20Investor%20Day%20at%20Pall.pdf.

[12] Danaher.2019 annual report[EB/OL].[2022-02-22].https://investors.danaher.com/2019-Annual-Report/HTML1/tiles-twopage.htm.

[13] Danaher.2020 annual report[EB/OL].[2022-02-22].https://investors.danaher.com/2020-Annual-Report/HTML1/default-twopage.htm.

[14] Danaher.2021 annual report[EB/OL].[2022-02-22]. https://investors.danaher.com/2021-Annual-Report/HTML1/default-twopage.htm.

[15] Danaher.2021 investor & analyst day[EB/OL].[2022-02-22].https://filecache.investorroom.com/mr5ir_danaher/691/2021%20Danaher%20Investor%20%26%20Analyst%20Event.pdf.

[16] Danaher.Danaher announces CEO transition[EB/OL].（2020-05-06）[2022-02-22]. https://investors.danaher.com/2020-05-06-Danaher-Corporation-Announces-CEO-Transition.

[17] Danaher.Danaher appoints Thomas P.Joyce，Jr.as president and CEO[EB/OL].（2014-09-02）[2022-02-22]. https://investors.danaher.com/2014-09-02-Danaher-Corporation-Appoints-Thomas-P-

Joyce-Jr-As-President-And-CEO.

[18] Danaher.Danaher business system 2018[EB/OL].[2022-02-22]. https://filecache.investorroom.com/mr5ir_danaher/526/2018%20 Danaher%20Investor%20%26%20Analyst%20Event.pdf.

[19] Danaher.Danaher corporation announces chief executive officer's retirement May 1，2001[EB/OL].（2001-05-01）[2022-02-22]. https://investors.danaher.com/2001-01-08-Danaher-Corporation-Announces-Chief-Executive-Officers-Retirement-May-1-2001.

[20] Danaher.Danaher investor and analyst meeting 2013 & 2018[EB/OL].[2022-02-22]. https://filecache.investorroom.com/mr5ir_danaher/526/2018%20Danaher%20Investor%20%26%20Analyst%20Event.pdf.

[21] Danaher.Danaher reaffirms 2013 guidance and initiates 2014 outlook[EB/OL].（2013-12-12）[2022-02-22]. https://investors.danaher.com/2013-12-12-Danaher-Reaffirms-2013-Guidance-And-Initiates-2014-Outlook.

[22] Danaher.Danaher to acquire Cepheid for $53.00 per share，or approximately $4 billion[EB/OL].[2022-02-22]. https://investors.danaher.com/2016-09-06-Danaher-To-Acquire-Cepheid-For-53-00-Per-Share-Or-Approximately-4-Billion.

[23] Danaher.Danaher to acquire Pall corporation for $127.20 per share，or $13.8 billion[EB/OL].（2015-05-13）[2022-02-22]. http://investors.danaher.com/2015-05-13-Danaher-To-Acquire-Pall-Corporation-For-127-20-Per-Share-Or-13-8-Billion.

[24] Danaher.DBS overview[EB/OL].[2022-02-22]. https://www.danaher.com/Danaher.

[25] Danaher.Investor and analyst meeting 2021[EB/OL].[2022-02-22]. https://filecache.investorroom.com/mr5ir_danaher/691/2021%20 Danaher%20Investor%20%26%20Analyst%20Event.pdf.

[26] JOYCE T, COMAS D.Danaher business system[EB/OL].[2022-02-22].https://filecache.investorroom.com/mr5ir_danaher/507/ Danaher%20DBS%20Overview%20May%202018.pdf.

[27] SULL D, HOMKES R, SULL C.Why strategy execution unravels and what to do about it[EB/OL].[2022-02-22]. https://hbr.org/2015/03/ why-strategy-execution-unravelsand-what-to-do-about-it.

[28] Fortive.2020 annual report[EB/OL].（2021-05-01）[2022-02-22]. https://s2.q4cdn.com/680534137/files/doc_financials/2020/ar/FOR-AR-2020-05012021.pdf.

[29] Fortive.2021 virtual investor day[EB/OL].（2021-05-19）[2022-02-22]. https://investors.fortive.com/events-and-presentations/event-details/2021/2021-Virtual-Investor-Day/default.aspx.

[30] GE.Annual report 2021 [EB/OL].（2022-02-11）[2022-02-22]. https://www.ge.com/sites/default/files/GE_AR2021_AnnualReport. pdf.

[31] GE.GE 2019 second quarter performance [EB/OL].（2019-07-31）[2022-02-22].https://www.ge.com/sites/default/files/ge_webcast_ presentation_07312019.pdf.

[32] GE.H.Lawrence Culp，Jr.[EB/OL].[2022-02-22]. https://www. ge.com/about-us/leadership/profiles/lawrence-culp.

[33] GE.GE announces 2018 board of directors slate;includes three new directors[EB/OL].（2018-02-26）[2022-02-22].https://www.ge.com/ news/press-releases/ge-announces-2018-board-directors-slate-

includes-three-new-directors.

[34] ROTH G L，KLEINER A.Danaher's instruments of change[EB/OL].（2016-02-08）[2022-02-22]. https://www.strategy-business.com/article/Danahers-Instruments-of-Change.

[35] HARTER J.U.S.Employee engagement reverts back to pre-COVID-19 levels[EB/OL].（2020-10-16）[2022-02-22]. https://www.gallup.com/workplace/321965/employee-engagement-reverts-back-pre-covid-levels.aspx.

[36] MILLER J.Mindset KPIs[EB/OL].（2017-05-23）[2022-02-22]. https://blog.gembaacademy.com/2015/09/23/mindset-kpis/.

[37] MEYER K.Danaher's low profile lean excellence[EB/OL].（2007-02-10）[2022-02-22]. https://kevinmeyer.com/blog/2007/02/low_profile_lea.html.

[38] Liquisearch.Talcott Parsons—work—agil paradigm [EB/OL].[2022-02-22]. https://www.liquisearch.com/talcott_parsons/work/agil_paradigm.

[39] MBA智库百科.塔尔科特·帕森斯[EB/OL].[2022-02-22].https://wiki.mbalib.com/wiki/%E5%B8%95%E6%A3%AE%E6%96%AF.

[40] MedTrend医趋势.丹纳赫三位Leader齐聚，深聊中国创新与增长[EB/OL].（2020-12-26）[2022-02-22]. https://baijiahao.baidu.com/s?id=1687120240302962049&wfr=spider&for=pc.

[41] TREACY M，WIERSEMA F.Customer intimacy and other value disciplines[EB/OL].[2022-02-22]. https://edisciplinas.usp.br/pluginfile.php/1704697/mod_resource/content/1/Treacy Wiersema%20-%20Disciplinas%20de%20Valor.pdf.

[42] Microsoft，2021 annual report[EB/OL].[2022-02-22]. https://www.

microsoft.com/investor/reports/ar21/index.html#home.

[43] EBY K.Operational Excellence: key principles and how to implement them[EB/OL].（2019-10-11）[2022-02-22] https://www.smartsheet.com/content/operational-excellence

[44] CHARAN R，COLVIN G.Why CEOs fail[EB/OL].（1999-06-21）[2022-02-22]. https://archive.fortune.com/magazines/fortune/fortune_archive/1999/06/21/261696/index.htm.

[45] Salesforce.Drive growth and cost savings with the world's #1 CRM [EB/OL].[2022-02-22]. https://www.salesforce.com/cn/crm/.

[46] The Conference Board.The Conference Board C-suite outlook 2022[EB/OL].[2022-02-22]. https://www.conference-board.org/pdfdownload.cfm?masterProductID=38504.

[47] KELLNER T，CULP L，Jr.named new GE chairman and CEO[EB/OL].（2018-10-01）[2022-02-22].https://www.ge.com/news/reports/larry-culp-jr-named-new-ge-chairman-ceo.

[48] TOYOTA.TMC announces financial results for fiscal year ended march 31，2019[EB/OL].（2019-05-08）[2022-02-22]. https://global.toyota/pages/global_toyota/ir/financial-results/2019_4q_overview_en.pdf.

[49] TOYOTA.Financial results for the fiscal year ended march 2019[EB/OL].（2019-04）[2022-02-22]. https://global.toyota/pages/global_toyota/ir/financial-results/2019_4q_speech_en.pdf.

[50] TOYOTA.Integrated report 2021[EB/OL].（2021-03-31）[2022-02-22]. https://global.toyota/pages/global_toyota/ir/library/annual/2021_001_integrated_en.pdf.

[51] TOYOTA.Toyota philosophy[EB/OL].[2022-02-22]. https://global.

toyota/en/company/vision-and-philosophy/philosophy/.

[52] TOYOTA.Toyota production system[EB/OL].[2022-02-22]. https://global.toyota/en/company/vision-and-philosophy/production-system/.

[53] TOYOTA.Toyota way 2020/Toyota Code of Conduct[EB/OL].[2022-02-22]. https://global.toyota/en/company/vision-and-philosophy/toyotaway_code-of-conduct/.

[54] TOYOTA.Video: TMC's year-end financial results press conference[EB/OL].（2019-05-08）[2022-02-22]. https://global.toyota/en/newsroom/corporate/27803157.html.

[55] UTC.UTC investor and analyst meeting[EB/OL].（2018-03-16）[2022-02-22]. https://static.seekingalpha.com/uploads/sa_presentations/316/24316/original.pdf.

[56] 戴明.戴明的新经济观[M].钟汉清，译.北京：机械工业出版社，2015.

[57] 伯恩.精益的转变：领导者如何利用精益原则创造价值并改变自己的公司[M].王俊兰，译.北京：中国电力出版社，2015.

[58] 百度百科.米格-25战斗机[EB/OL].[2022-02-22]. https://baike.baidu.com/item/%E7%B1%B3%E6%A0%BC-25%E6%88%98%E6%96%97%E6%9C%BA?fromtitle=%E7%B1%B3%E6%A0%BC-25&fromid=8015841.

[59] 百度百科.塔尔科特·帕森斯[EB/OL].[2022-02-22]. https://baike.baidu.com/item/%E5%A1%94%E5%B0%94%E7%A7%91%E7%89%B9%C2%B7%E5%B8%95%E6%A3%AE%E6%96%AF/5356231?fr=aladdin.

[60] 德鲁克.21世纪的管理挑战[M].朱雁斌，译.北京：机械工业出版社，2018.

[61] 科赫. 做大利润 [M]. 刘寅龙，译. 广州：广东人民出版社，2017.

[62] 大野耐一. 丰田生产方式 [M]. 谢克检，李颖秋，译. 北京：中国铁道出版社，2016.

[63] 方洪波. 数字化时代制造业如何重构价值链 [EB/OL].（2019-03-11）[2022-02-22]. https://www.sohu.com/a/300500139_492538.

[64] 高瓴，李良. 数字化转型，重估企业核心竞争力 [EB/OL].[2022-02-22]. https://www.hundun.cn/course/intro/9337ed918e71748ffdee4f5145cb4edd.

[65] 公牛集团.2021 年年报 [EB/OL].（2022-04-13）[2022-02-22]. https://www.gongniu.cn/media/detail/id/157.html.

[66] 华为.2006 年年报 [EB/OL].（2007-12）[2022-02-22]. https://www.huawei.com/ucmf/groups/public/documents/annual_report/092586.pdf.

[67] 黄卫伟. 价值为纲 [M]. 北京：中信出版社，2017.

[68] 黄卫伟. 以客户为中心：华为公司业务管理纲要 [M]. 北京：中信出版社，2016.

[69] 柯林斯. 从优先到卓越 [M]. 俞利军，译. 北京：中信出版社，2019.

[70] 莱克，豪瑟斯. 丰田文化：复制丰田 DNA 的核心关键 [M]. 王世权，韦福雷，胡彩梅，译. 北京：机械工业出版社，2016.

[71] 莱克. 丰田模式：精益制造的 14 项管理原则 [M]. 李芳龄，译. 北京：机械工业出版社，2016.

[72] 京东.2020 年报 [EB/OL].[2022-02-22]. https://ir.jd.com/static-files/e5d705b1-3089-4247-8b12-a4fb69fc025a.

[73] 博西迪，查兰，伯克. 执行 [M]. 刘祥亚，译. 北京：机械工业出版社，2016.

[74] 查兰，德罗特，诺埃尔. 领导梯队 [M]. 徐中，林嵩，雷静，译. 北

京：机械工业出版社，2016.

[75] 查兰，杨懿梅.贝佐斯的数字帝国：亚马逊如何实现指数级增长 [M].北京：机械工业出版社，2015.

[76] 李永磊.解析"并购之王"丹纳赫成功之路 [EB/OL].（2019-05-24）[2022-02-22]. http://download.hexun.com/ftp/yanbao2018/20190524/JTDro3SOP7kUYqzyRD7dsQ.PDF.

[77] 达夫特，马西克.管理学原理：原书第 10 版 [M].高增安，张璐，马永红，译.北京：机械工业出版社，2018.

[78] 卡普兰，诺顿.战略地图 [M].刘俊勇，孙薇，译.广州：广东经济出版社，2005.

[79] 哈默，钱匹.企业再造 [M].小草，译.南昌：江西人民出版社，2019.

[80] 麦肯锡.中国的选择：抓住 5 万亿美元的生产力机遇 [EB/OL].（2016-06）[2022-02-22].https://www.mckinsey.com.cn/%E4%B8%AD%E5%9B%BD%E7%9A%84%E9%80%89%E6%8B%A9%EF%BC%9A-%E6%8A%93%E4%BD%8F5%E4%B8%87%E4%BA%BF%E7%BE%8E%E5%85%83%E7%9A%84%E7%94%9F%E4%BA%A7%E5%8A%9B-%E6%9C%BA%E9%81%87/.

[81] 门田安弘.新丰田生产方式 [M].王瑞珠，李莹河，译.保定：河北大学出版社，2012.

[82] 科尼塞克.企业精益转型的领导之道 [M].曹岩，杨丽娜，曹森，译.2 版.北京：机械工业出版社，2016.

[83] 邱处机.董明珠大战方洪波，输了 2700 亿 [EB/OL].（2021-12-10）[2022-02-22]. https://www.163.com/dy/article/GQR9FEQI0511D0QS.html.

[84] 盛懿.钱学森系统工程思想及其当代价值研究 [M].上海：上海交通大学出版社，2019.

[85] 施炜.2022，施炜写给中国企业家的22条建议[EB/OL].（2022-01-02）[2022-02-22]. https://ishare.ifeng.com/c/s/v002hkngbGg11QtkjFAtjn3L2KwfgscZGGqjGA--snIqwzjo__.

[86] 罗宾斯，贾奇.组织行为学：第18版[M].孙健敏，朱曦济，李原，译.北京：中国人民大学出版社，2021.

[87] 戴明.戴明管理思想精要：质量管理之父的领导力法则[M].裴咏铭，译.北京：金城出版社，2019.

[88] 贝克，马恩，扎瓦达.麦肯锡定价：原书第2版[M].赵银德，译.北京：机械工业出版社，2017.

[89] 销售易.用户为王时代企业经营困局如何打破[EB/OL].[2022-02-22]. https://www.xiaoshouyi.com/uploadfile/commen/xiaoshouguanlimiji.pdf.

[90] 汤普森，彼得拉夫，甘布尔，等.战略管理：概念与案例[M].于晓宇，王家宝，等译.21版.北京：机械工业出版社，2019.

[91] 斯托克，霍特.与时间赛跑：速度经济开启新商业时代[M].陈劲，尹西明，译.北京：机械工业出版社，2017.

[92] 杨国安.数智化程度放大企业差距，组织革新决定转型成败[EB/OL].（2020-05-30）[2022-02-22]. https://www.sohu.com/a/398624283_99907693.

[93] 杨国安.组织能力的杨三角：企业持续成功的秘诀[M].2版.北京：机械工业出版社，2015.

[94] 沃麦克，琼斯.精益思想[M].沈希瑾，张文杰，李京生，译.北京：机械工业出版社，2015.

[95] 沃麦克，琼斯，鲁斯.改变世界的机器[M].余峰，张冬，陶建刚，译.北京：机械工业出版社，2015.

[96] 摩根，莱克. 精益产品开发体系 [M]. 精益企业中国，译. 北京：人民邮电出版社，2017.

[97] 全国质量管理和质量保证　标准化技术委员会. 质量管理体系基础和术语：GB/T 19000—2016 [S]. 北京：中国标准出版社，2016.